STEPHANIE VAN DER LINDEN

STRICKEN *to go*

GENIALES WISSEN FÜR UNTERWEGS

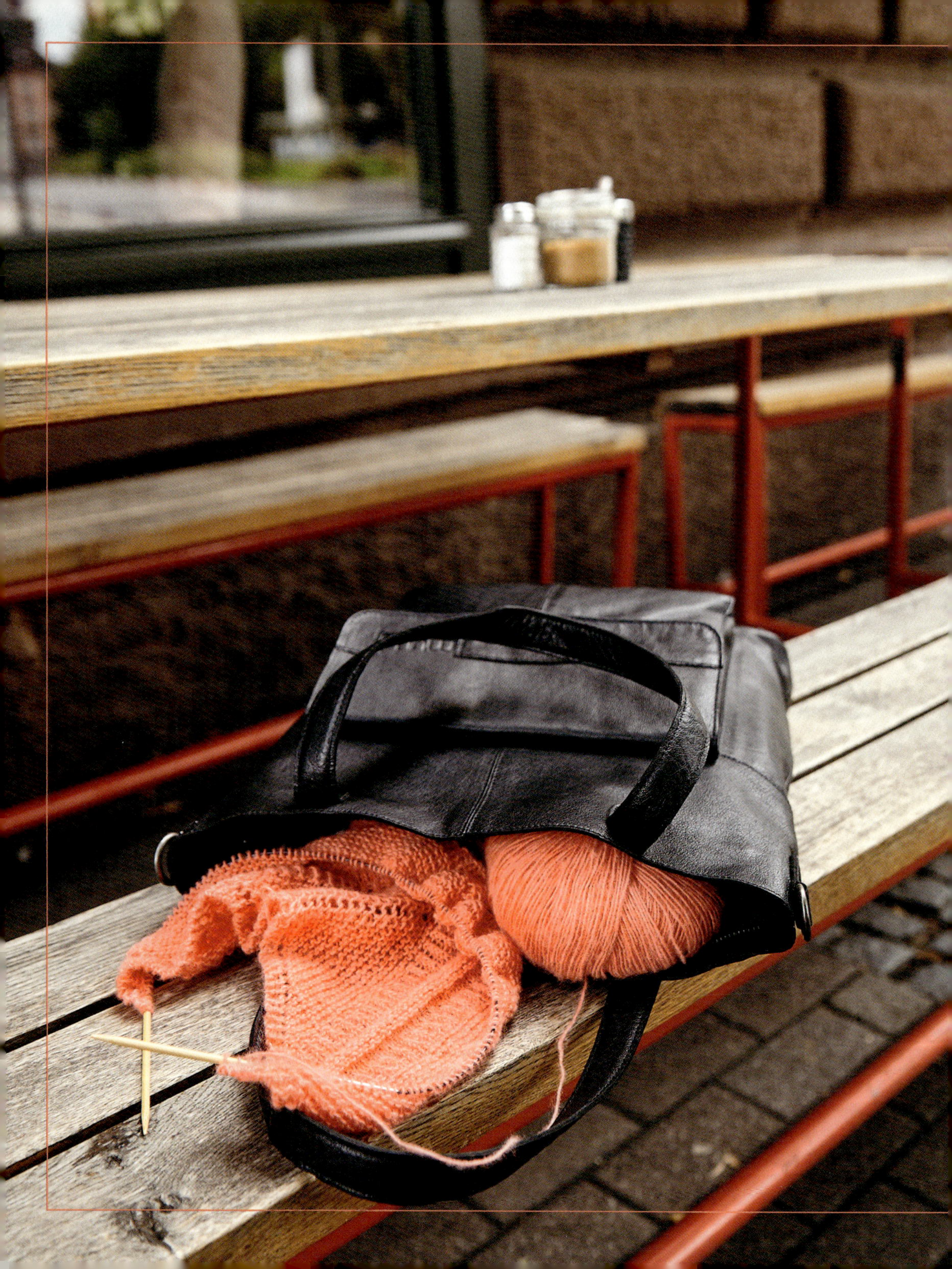

VORWORT

Lieben Sie es auch unterwegs zu stricken und es sich mit Ihrem Projekt im Zug, in einem Café, auf einer Bank bei einem Spaziergang oder beim gemütlichen Plausch mit den Freund:innen gemütlich zu machen? Das passende Garn ist griffbereit im Projektbeutel mit dabei, die Stricknadeln und die Anleitung dürfen selbstverständlich ebenfalls nicht fehlen. So weit, so gut. Aber wie sieht es mit dem notwendigen Strick-Know-How aus?

Wie ging das noch einmal mit dem *Italienischen Anschlag* und wie war das doch gleich mit dem *Elastischen Abketten* oder dem *Fädeneinweben beim Jacquardmuster stricken*? Unterwegs fehlt leider häufig das große schwere Nachschlagewerk, in dem man schnell einmal nachblättern kann. Dieses kleine Büchlein ist die perfekte schlanke Lösung, um die wichtigsten Techniken auch unterwegs griffbereit zu haben.

Für Anfänger:innen und Fortgeschrittene bietet es Technik-Infos, die bei der einen oder anderen Strickhürde helfen. Das kleine Büchlein findet bestimmt in jedem Projektbeutel seinen Platz, sodass es daheim und unterwegs zu einem treuen Begleiter wird und bei so mancher Frage helfen kann.

Also nichts wie los und ganz viel Spaß bei Ihren neuen Strickabenteuern.

Stephanie van der Linden

INHALT

STRICKTEILE VERBINDEN

MASCHEN AUFFASSEN

IN RUNDEN STRICKEN

MEHRFARBIG STRICKEN

MOSAIKTECHNIK

INTARSIEN

JACQUARDTECHNIK

MASCHENPROBE

FEHLER BEHEBEN

NORMGRÖSSENTABELLEN

ANSCHLÄGE

Mit dem Maschenanschlag fängt jede Strickarbeit an – und obwohl viele Stricker:innen ihr Leben lang Maschen immer auf die gleiche Art anschlagen, lohnt es sich, einige der vielen verschiedenen Techniken kennenzulernen.

GRUNDSCHLINGE MIT GLEICHER ORIENTIERUNG

Diese Grundschlinge ist die erste Masche eines Anschlags und kann die gleiche Orientierung auf der Nadel aufweisen, wie alle folgenden Maschen. Sie wird in der folgenden Reihe glatt mit abgestrickt.

1 Daumen und Zeigefinger der linken Hand spreizen. Je nach Art des gewünschten Anschlags die richtige Position für die Grundschlinge wählen und diese Stelle des Fadens zwischen Daumen und Zeigefinger legen. Fadenende und Arbeitsfaden mit Mittel-, Ring- und kleinem Finger der linken Hand halten und den Faden ein wenig spannen.

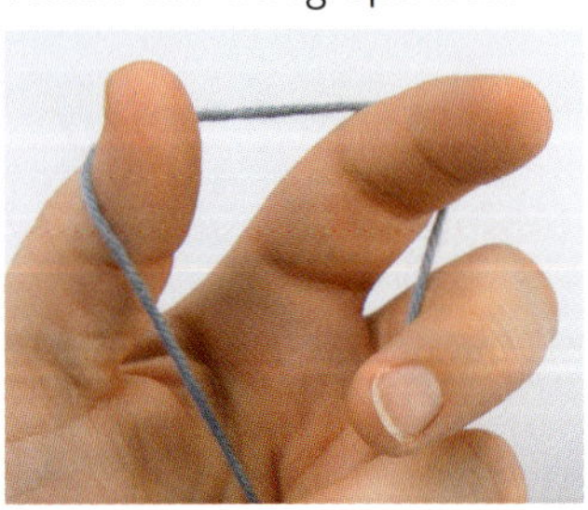

2 Mit der Arbeitsnadel in der rechten Hand von links nach rechts unter dem gespannten Faden durchstechen und die Nadelspitze im Uhrzeigersinn über den linken Daumen hindrehen, bis Nadel und gespannter Faden wieder senkrecht zueinanderstehen.

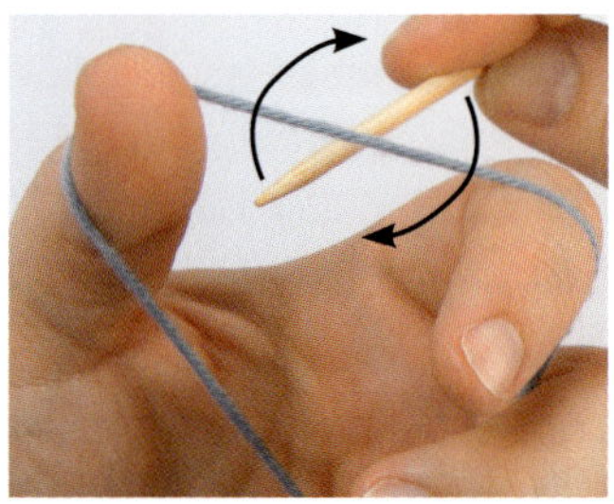

3 Die Schlinge mit Daumen und Zeigefinger der linken Hand zur Nadel hin anziehen und bis zum nächsten Schritt des Maschenanschlags fixieren.

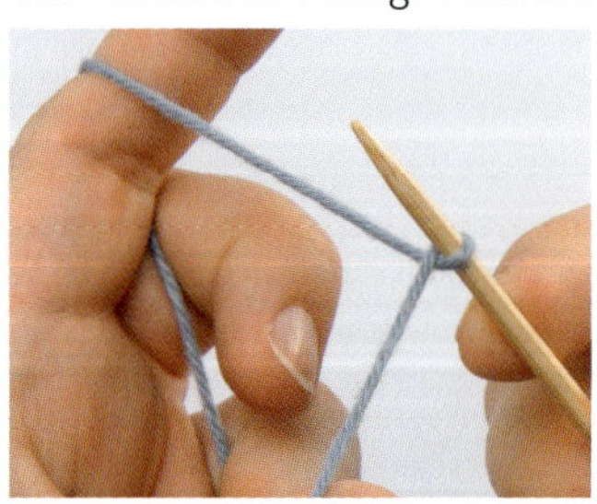

KNOTENSCHLINGE

1 Den Arbeitsfaden an der für den gewählten Anschlag richtigen Position zu einer Schlinge legen.

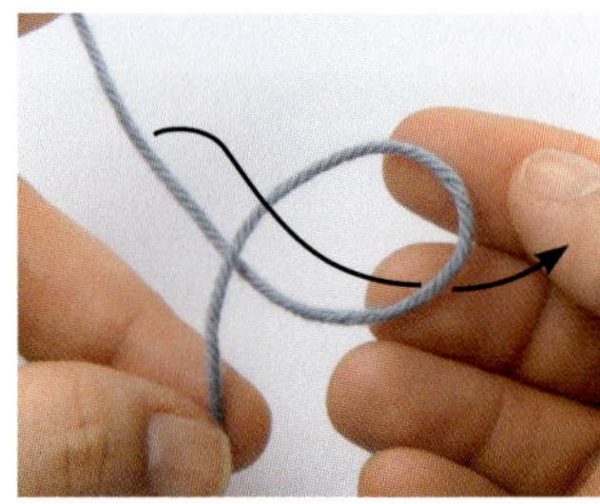

2 Durch die Schlinge den Arbeitsfaden als Schlaufe durchziehen.

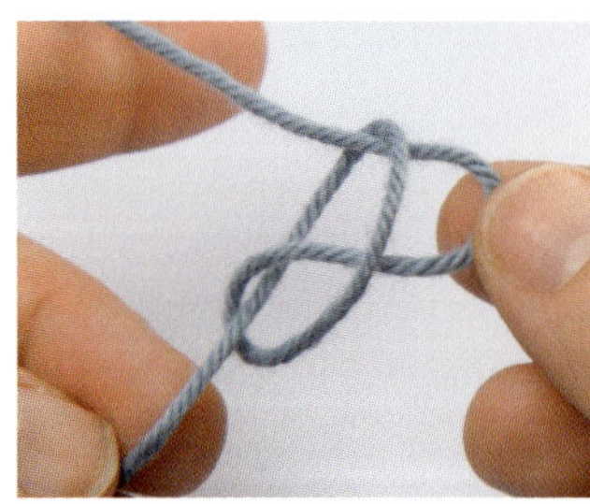

3 Die Schlaufe auf die Arbeitsnadel legen. Fadenende und Arbeitsfaden gut anziehen.

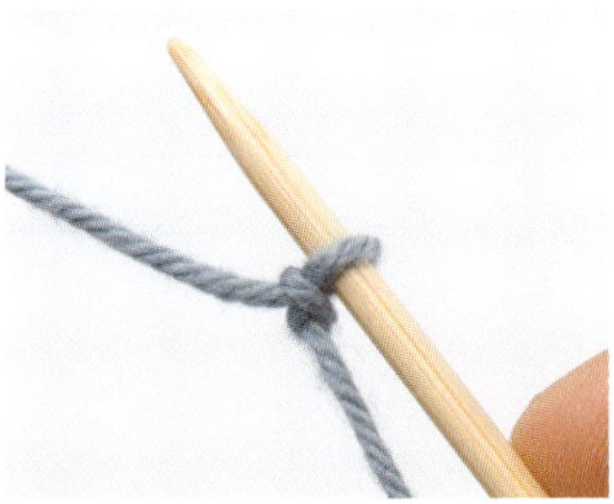

KREUZANSCHLAG

Der Kreuzanschlag ist der wohl gebräuchlichste Anschlag in Deutschland und wird international auch als „Deutscher Anschlag" / „German Cast On" bezeichnet. Er lässt sich schnell arbeiten und ergibt einen dehnbaren, sauberen und geraden Anschlagrand. Da der Kreuzanschlag mit zwei Fäden gearbeitet wird, die erste Masche so positionieren, dass das Fadenende mindestens 3x so lang ist, wie die Anschlagkante des fertigen Strickstücks. Das Fadenende kann auch noch länger gewählt werden, sodass es später zum Zusammennähen zur Verfügung steht.

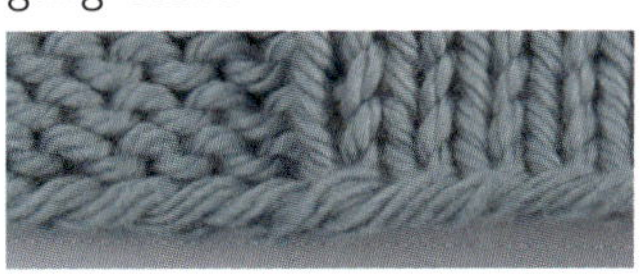

EINFACHER KREUZANSCHLAG

Mit dem einfachen Kreuzanschlag erhält man eine Anschlagkante mit mittlerer Dehnbarkeit.

1 Für den Übergang von der 1. Masche zum Kreuzanschlag Grundschlinge oder Knotenschlinge mit dem Zeigefinger der rechten Hand auf der Arbeitsnadel fixieren. Daumen und Zeigefinger der linken Hand spreizen. Das Faden ende über den Daumen und den Arbeitsfaden über den Zeigefinger legen und mit den übrigen Fingern der linken Hand fassen und spannen.

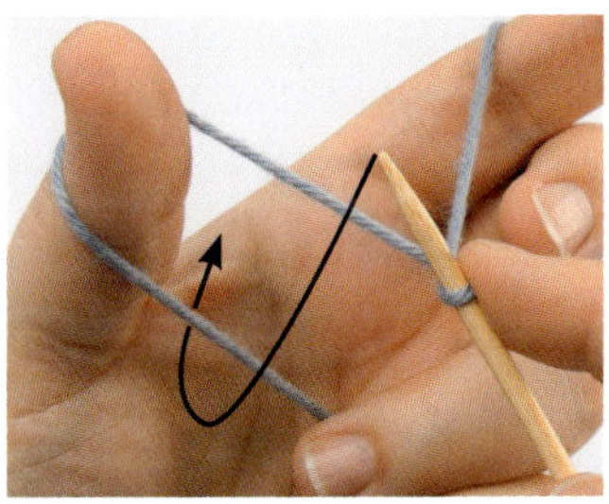

2 Den Daumen anheben und die Arbeitsnadel vor dem Daumen nach unten ziehen, bis sich die Daumenfäden vorne überkreuzen (Daumenkreuz). Mit der Nadelspitze unter dem äußeren Daumenfaden durchstechen und in Pfeilrichtung von rechts nach links hinter dem Zeigefingerfaden herumführen.

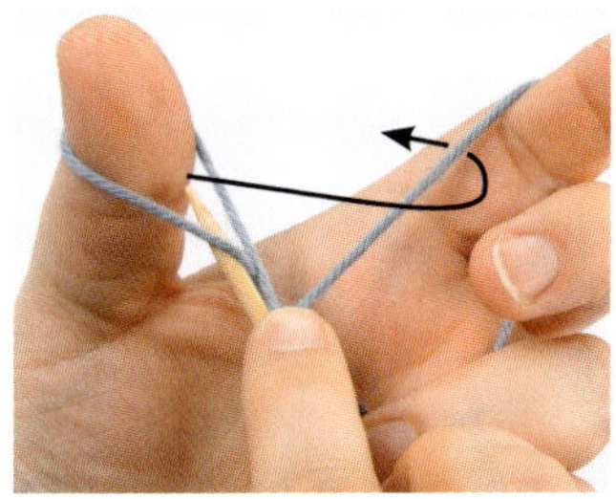

3 Den Zeigefingerfaden mit der Nadel erfassen und in Pfeilrichtung durch die Daumenschlinge ziehen. Die Schlinge vom Daumen gleiten lassen und das Fadenende mit dem Daumen anziehen, bis sich die Masche auf der Arbeitsnadel bildet. Daumen anheben, Nadel senken. Die Arbeitsschritte so oft wiederholen, bis sich die gewünschte Anzahl Maschen auf der Nadel befindet.

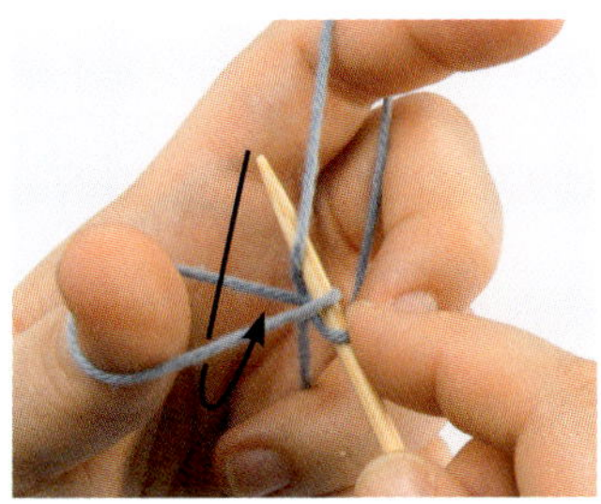

NORWEGISCHER SOCKEN-ANSCHLAG

Der Norwegische Sockenanschlag wird auch verschränkter deutscher Anschlag genannt. Diese Namen lassen bereits erahnen, dass es sich um eine besonders elastische und strapazierfähige Anschlagvariante handelt, die gerne für Sockenbündchen verwendet wird. Hier bietet sich die Knotenschlinge als erste Masche an.

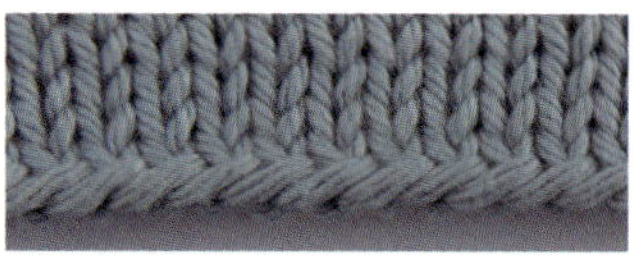

1 Die Ausgangsposition ist die gleiche, wie für den klassischen Kreuzanschlag. Die Knotenschlinge mit dem Zeigefinger der rechten Hand fixieren. Das Fadenende liegt über dem Daumen, der Arbeitsfaden über dem Zeigefinger. Beide Fäden mit den übrigen Fingern der linken Hand fassen und spannen. Den Daumen anheben und die Arbeitsnadel vor dem Daumen nach unten ziehen, bis sich die Daumenfäden überkreuzen (Daumenkreuz).

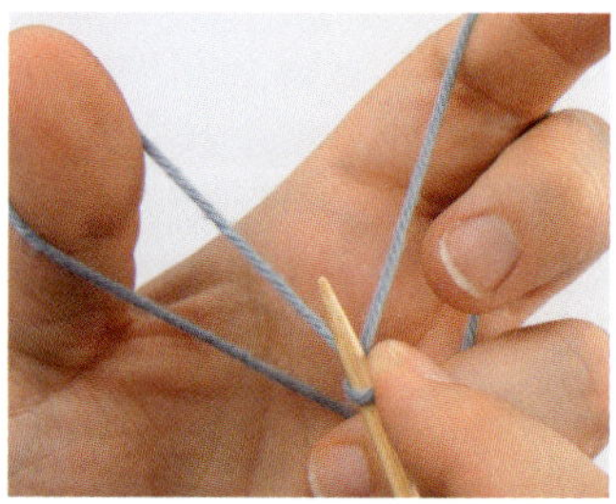

2 Mit der Nadelspitze anders als beim einfachen Kreuzanschlag unter beiden Daumenfäden durchstechen und den inneren Daumenfaden mit der Nadel erfassen.

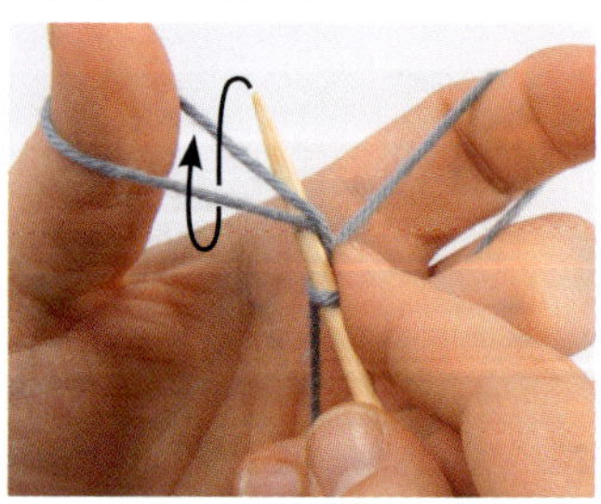

3 Den inneren Daumenfaden mit der Nadel unter dem äußeren Daumenfaden durchziehen und die Nadelspitze von rechts nach links um den Zeigefingerfaden führen.

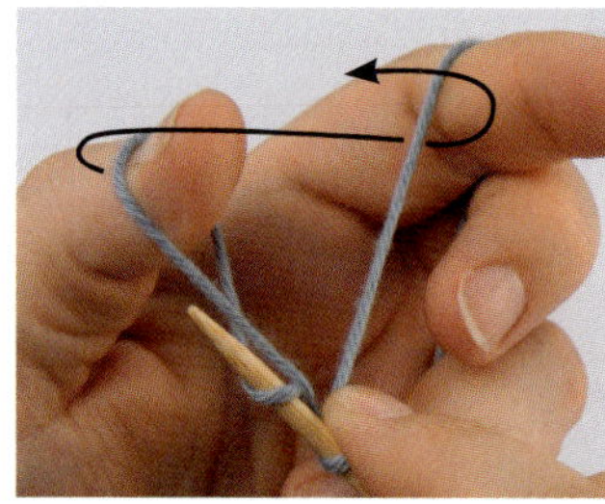

4 Die Nadelspitze von vorne unter dem inneren Daumenfaden, dann von hinten nach vorn unter dem äußeren Daumenfaden durchführen. Die Daumenschlinge vom Daumen gleiten lassen und das Fadenende mit dem Daumen anziehen, bis sich die Masche auf der Arbeitsnadel bildet. Den Daumen anheben und die letzten 4 Arbeitsschritte so oft wiederholen, bis sich die gewünschte Anzahl Maschen auf der Nadel befindet.

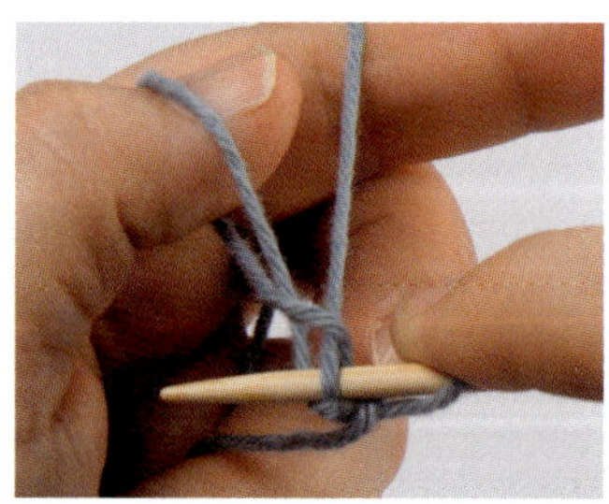

PROVISORISCHER ANSCHLAG

Für manche Strickstücke ist es erforderlich, später an einer Anschlagkante erneut Maschen aufzunehmen und in die entgegengesetzte Richtung weiterzuarbeiten. Solche Übergänge sollten sich möglichst gleichmäßig ins Maschenbild einfügen und nicht als Ansatz im fertigen Strickstück zu erkennen sein.

OFFENER ANSCHLAG

Für diese schnell und einfach zu arbeitende Anschlagart wird zunächst mit einem Hilfsfaden eine lockere Luftmaschenkette mit etwa 10 Luftmaschen mehr gearbeitet, als später Maschen angeschlagen werden.

1 Das Ende der Luftmaschenkette locker verknoten. Auf der Rückseite der Luftmaschenkette erkennt man querliegende Maschenglieder.

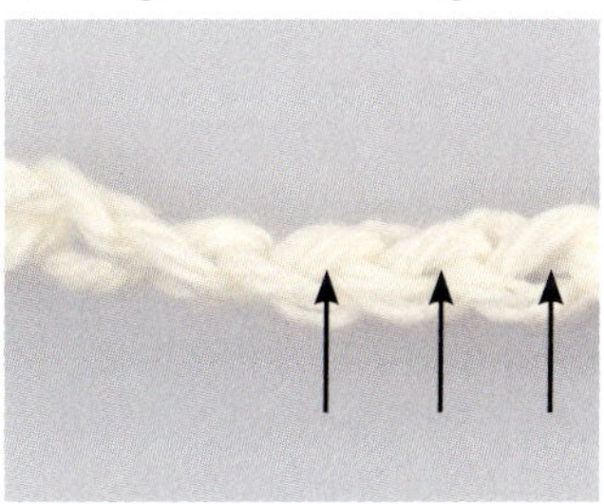

2 Aus diesen Maschengliedern mit dem Strickgarn Maschen herausstricken. Darauf achten, dabei nicht in den Hilfsfaden einzustechen, sonst lässt sich der Faden später nicht lösen.

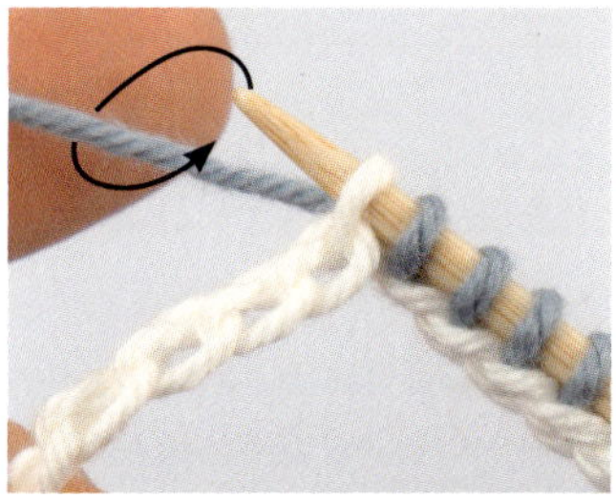

3 Nach Fertigstellung des Strickstücks den lockeren Knoten lösen und die Luftmaschenkette vorsichtig aufziehen. Dabei die Maschen auf eine Nadel heben, sobald einige davon offenliegen, und erst dann die Luftmaschenkette weiter lösen.

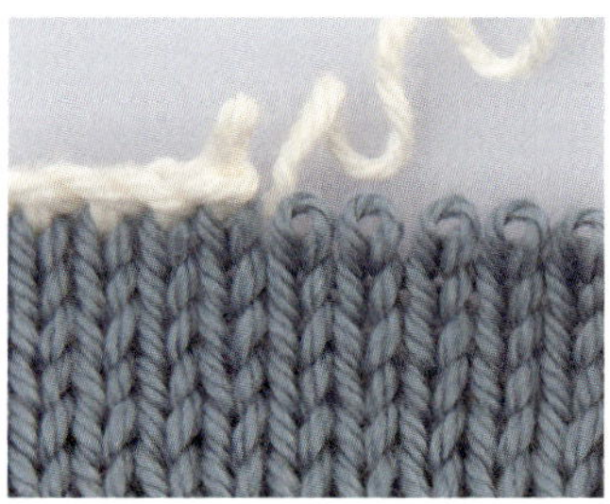

Eine Alternative dazu ist es, mit dem Hilfsfaden statt einer Luftmaschenkette so viele Maschen wie benötigt auf einer Rundstricknadel oder einer Spielnadel aufzuschlingen (› Seite 12) und die Maschen, ohne zu wenden, wieder an das rechte Nadelende zu schieben. Mit dem Strickgarn kann nun das Strickstück begonnen und fertiggestellt werden. Anschließend die aufgeschlungene Anschlagkante mithilfe einer Stricknadel aufziehen. Dabei nach und nach die offenen Maschen auf eine Stricknadel heben, bevor die nächsten Anschlagschlingen gelöst werden.

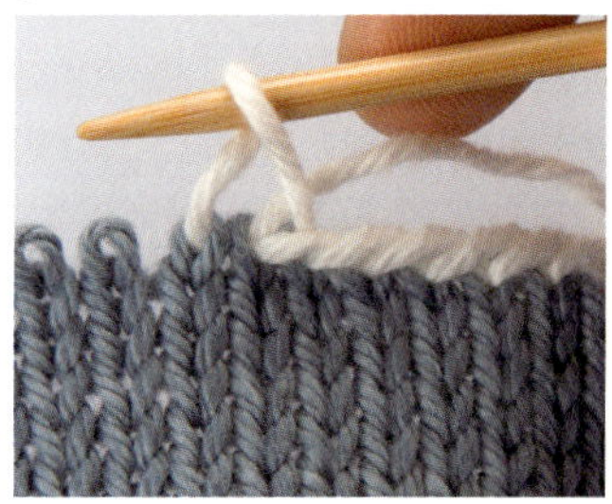

ITALIENISCHER ANSCHLAG

Mit diesem runden Anschlag erhält man ein knappes, doppellagiges Bündchen, das sich besonders für Rippen und Patentmuster, aber auch für glatt rechts Gestricktes eignet. Er bildet einen perfekt gerundeten Abschluss und ist von mittlerer Elastizität. Vor allem Pulloverbündchen hält der italienische Anschlag gut in Form.

Die Grundschlinge wird so positioniert, dass das Fadenende noch mindestens 3x so lang ist wie die Anschlagbreite.

1 Den Arbeitsfaden über den ausgestreckten Zeigefinger und das Fadenende über den ausgestreckten Daumen der linken Hand legen, beide Fäden mit den übrigen Fingern halten und spannen. Die Nadel befindet sich in der Mitte des zwischen Daumen und Zeigefinger gespannten Fadens.

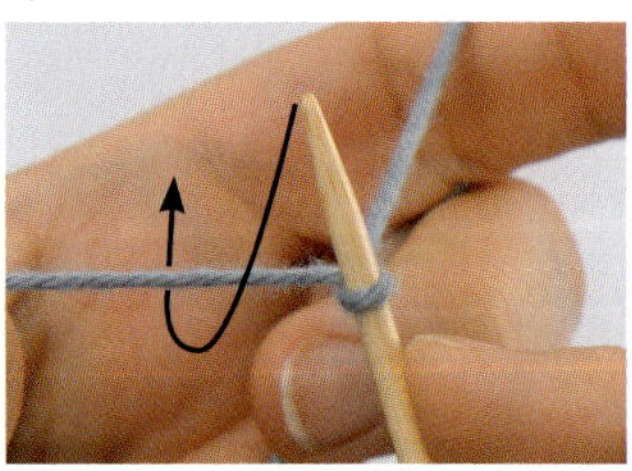

2 Die Nadelspitze in Pfeilrichtung unter dem inneren Daumenfaden durchführen.

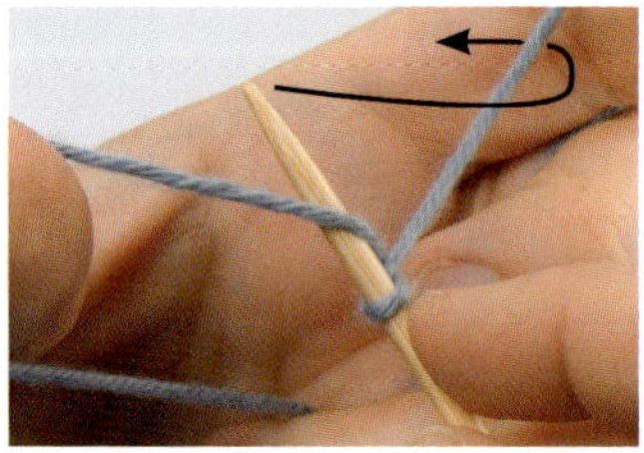

3 Den Zeigefingerfaden in Pfeilrichtung von rechts nach links erfassen und unter dem Daumenfaden durchziehen.

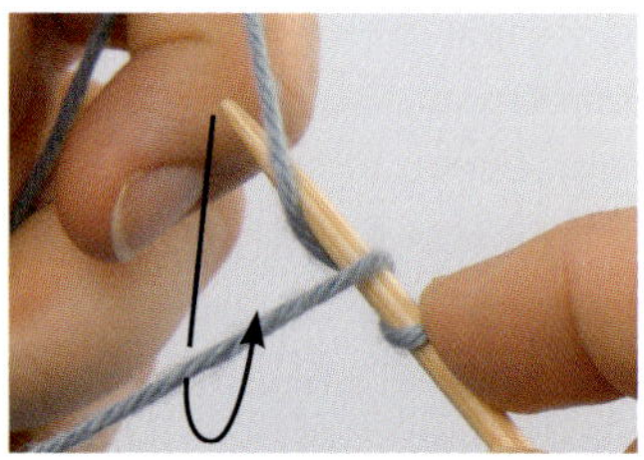

4 Die Nadel wieder in die Mitte des zwischen Daumen und Zeigefinger gespannten Fadens bringen. Die Nadelspitze in Pfeilrichtung hinter dem Zeigefingerfaden herumführen.

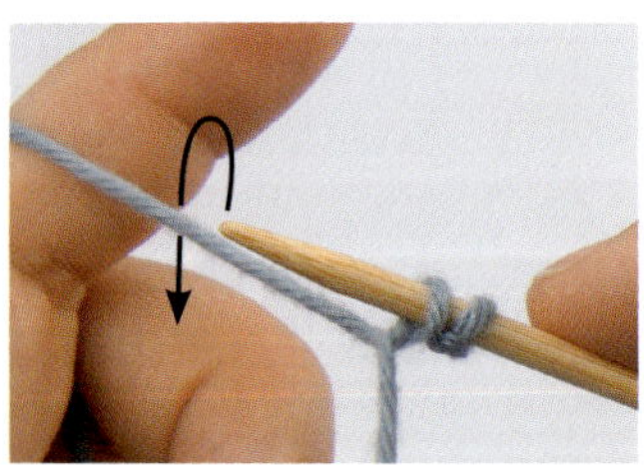

5 Den Daumenfaden in Pfeilrichtung von rechts nach links erfassen und unter dem Zeigefingerfaden nach hinten ziehen.

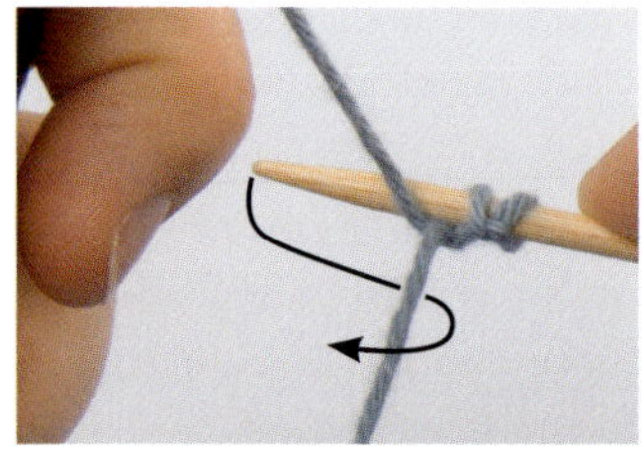

6 Den Zeigefingerfaden vor die Nadel legen.

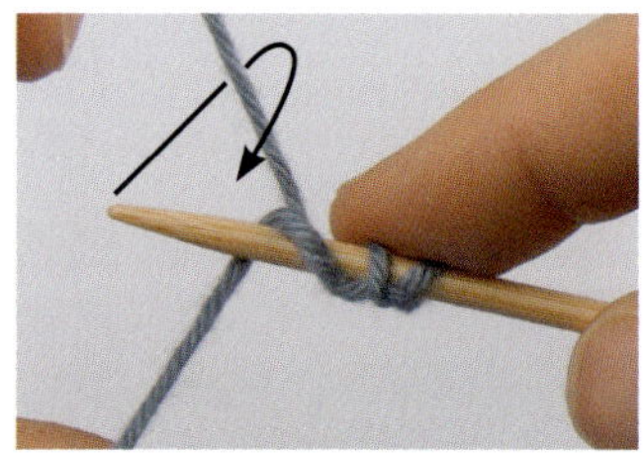

7 Die Ausgangsposition ist wieder erreicht.

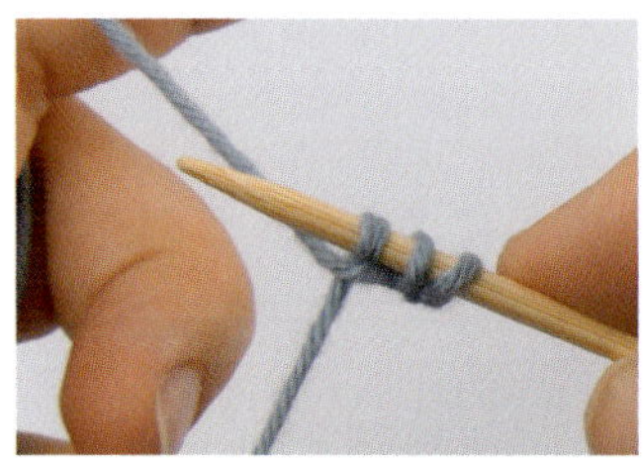

8 Durch Wiederholen der Arbeitsschritte die gewünschte Anzahl Maschen anschlagen. Bei einer ungeraden Maschenzahl das Fadenende nach der letzten Masche 1x um den

Arbeitsfaden herumlegen und beide Fäden fest anziehen. Die Nadel wenden, um den Übergang zum Bündchen zu arbeiten.

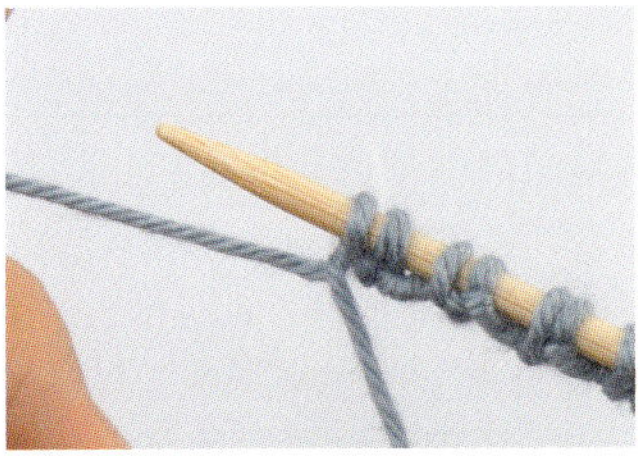

9 In den folgenden Übergangsreihen jede rechte Masche rechts stricken.

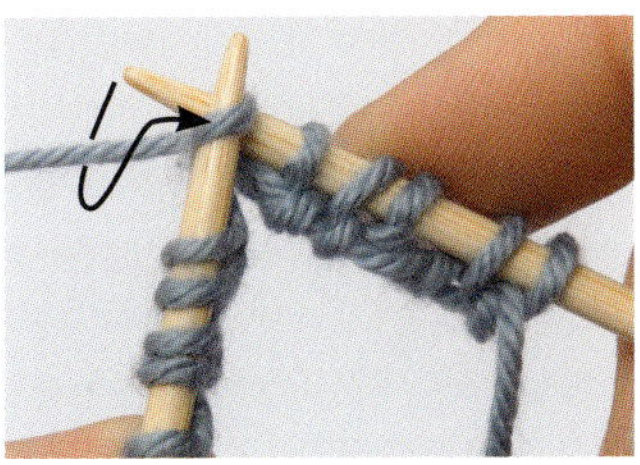

10 Bei jeder linken Masche den Faden vor die Nadel nehmen und die Masche ungestrickt wie zum Linksstricken abheben.

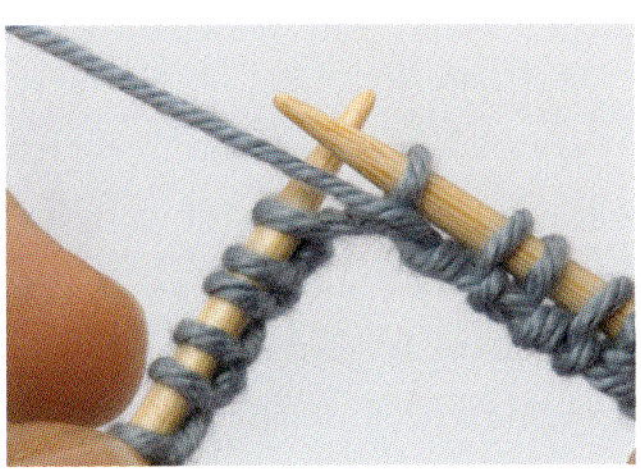

Auf diese Weise mehrere Übergangsreihen arbeiten.

Der Übergang zwischen italienischem Anschlag und Bündchenmuster wird also nach dem Prinzip des doppellagigen oder Double-Face-Strickens in Schlauchform gearbeitet. Dabei erscheint jeweils auf Vorder- und Rückseite ein glatt rechtsgestricktes Übergangsstück, beide Seiten sind aber nur an den beiden Rändern miteinander verbunden.

Wurde eine gerade Maschenzahl angeschlagen, beginnt die erste Reihe nach dem Wenden mit einer linken Masche, bei einer ungeraden Maschenzahl mit einer rechten Masche.

Für eine runde Abschlusskante sollten mindestens 4 Übergangsreihen gearbeitet werden. 6 oder mehr Reihen verleihen der Abschlusskante mehr Festigkeit und können auch als untere Blende gearbeitet werden.

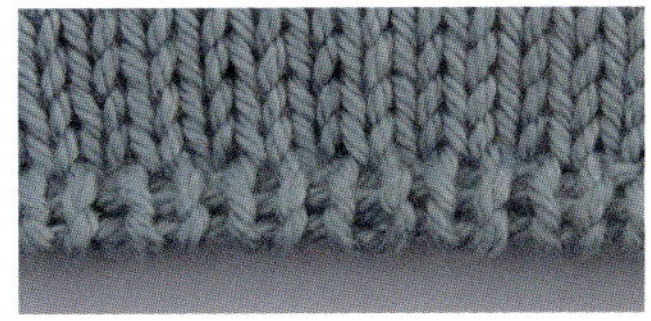

Italienischer Anschlag mit 4 Übergangsreihen zu glatt rechtem Gestrick

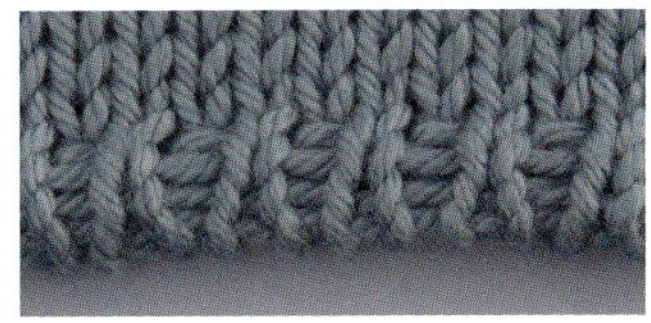

Italienischer Anschlag mit 6 Übergangsreihen zu glatt rechtem Gestrick

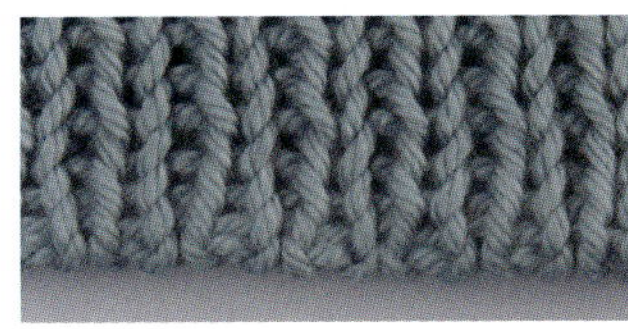

Italienischer Anschlag mit Übergang zu einem 1 Masche rechts, 1 Masche linksgestrickten Rippenbündchen

HILFSANSCHLÄGE

Hilfsanschläge ermöglichen es, innerhalb eines Strickstücks in beliebiger Höhe am rechten oder linken Strickrand noch einmal neue Maschen anzuschlagen, da sie allein mit dem Arbeitsfaden gearbeitet werden können. Sie sind meist fest und wenig elastisch. Die Hilfsanschläge können auch als Grundanschlag zu Beginn eines Strickstücks verwendet werden.

AUFSCHLINGEN

Beim Aufschlingen werden so viele Grundschlingen wie benötigt nacheinander gearbeitet. Damit lassen sich alleine mit dem Arbeitsfaden neue Maschen von rechts nach links an den linken Strickrand eines Strickstücks ansetzen.

Die Schlingen liegen entgegengesetzt auf der Nadel, also mit dem linken Maschenschenkel vor der Nadel und dem rechten Maschenschenkel hinter der Nadel.

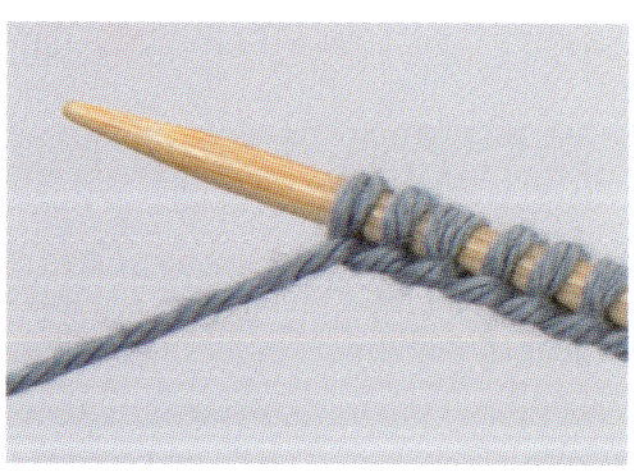

Nach dem Abstricken der nächsten Reihe liegen die Maschen verschränkt im Maschenbild, obwohl wie zum Glatt Stricken eingestochen wird.

AUFHÄKELN

Beim Aufhäkeln arbeitet man alleine mit dem Arbeitsfaden eine beliebige Anzahl neuer Maschen von links nach rechts an den rechten Rand eines Strickstücks an.

Mit einer Häkelnadel so in die Masche einstechen, an die neue Maschen angesetzt werden sollen, als wolle man sie rechts abstricken.

Den Arbeitsfaden mit der Häkelnadel von links nach rechts erfassen, durch die Schlinge ziehen und als neue Schlinge auf die Nadel legen. Die Häkelnadel nicht aus der Schlinge herausziehen, sondern aus dieser Position gleich die nächste Schlinge aufhäkeln.

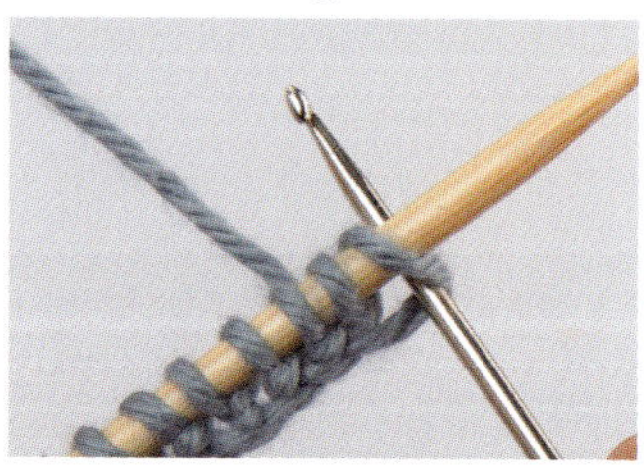

Beim Aufhäkeln kann auch mit 2 Farben gearbeitet werden. Dazu abwechselnd eine Schlinge aufhäkeln und die Fäden locker auf der Rückseite führen.

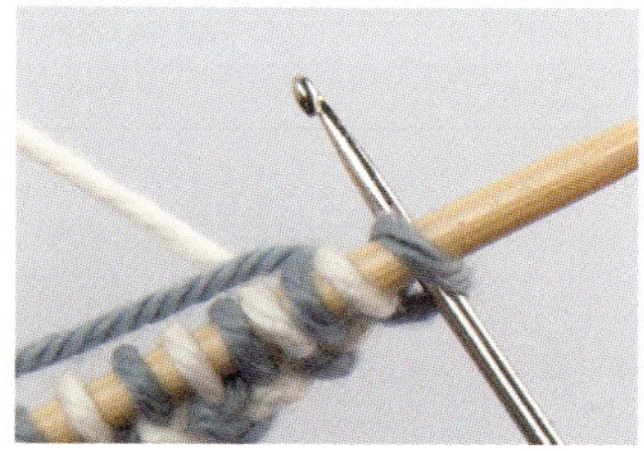

UMHÄKELN

Mit dem Umhäkeln der Arbeitsnadel lässt sich jeweils eine ungerade Anzahl an Maschen anschlagen. Die letzte Masche der Reihe, an die neue Maschen angesetzt werden sollen, auf eine Häkelnadel heben. Die Häkelnadel in der rechten Hand halten, den Arbeitsfaden über den linken Zeigefinger legen und die Arbeitsnadel mit Daumen und Mittelfinger der linken Hand halten. Den Arbeitsfaden von hinten nach vorn unter der Nadel hervorholen und zwischen Häkelnadel und Arbeitsnadel wieder nach oben führen.

Den Arbeitsfaden mit der Häkelnadel über der Stricknadel fassen und durch Schlinge und Masche ziehen. Dabei bildet sich eine neue Masche auf der Arbeitsnadel. Mit der Häkelnadel 1 Schlinge unter der Arbeitsnadel hervorholen, den Arbeitsfaden über der Nadel erneut auffassen und durch beide Schlingen ziehen. Es entstehen 2 neue Maschen auf der Arbeitsnadel.

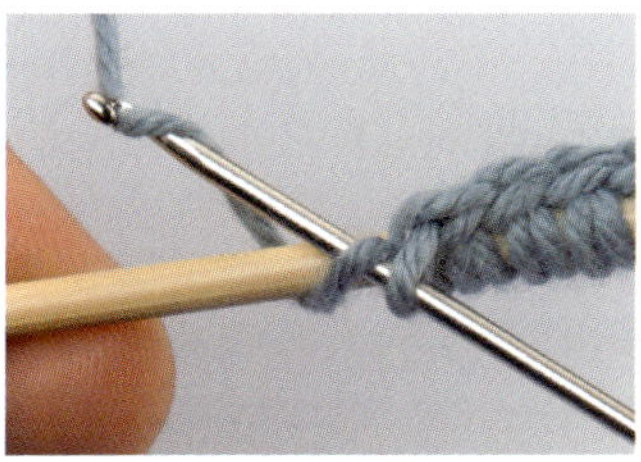

Den letzten Arbeitsschritt so oft wiederholen, bis die neuen Maschen angeschlagen sind.

AUFSTRICKEN

Auch das Aufstricken neuer Maschen ermöglicht es, nur mit dem Arbeitsfaden eine beliebige Anzahl neuer Maschen von links nach rechts an den rechten Strickrand anzusetzen.

Zum Aufstricken neuer Maschen mit der Arbeitsnadel wie zum Rechtsstricken in die Masche einstechen, an die die neuen Maschen angesetzt werden wollen. Die Masche rechts abstricken und als neue Schlinge auf die Maschennadel legen. In diese Masche wieder wie zum Rechtsstricken einstechen und den Arbeitsschritt wiederholen.

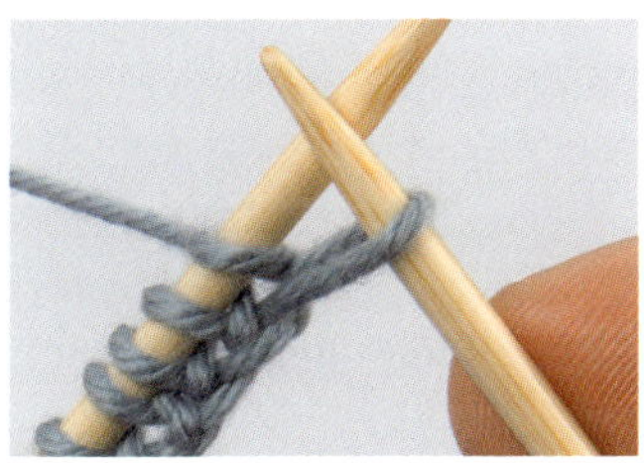

KORDELANSCHLAG

Der Kordelanschlag ist eine Variante des Aufstrickens, bei der jedoch nicht in, sondern zwischen die Maschen eingestochen wird. Dadurch erhält man eine weniger feste Anschlagkante.

Mit der Arbeitsnadel zwischen die ersten beiden Maschen einstechen, an die neue Maschen angesetzt werden sollen, und eine Masche herausstricken. Die Schlinge auf die Maschennadel legen und mit der Arbeitsnadel wieder zwischen die ersten beiden Maschen der Maschennadel einstechen und den Arbeitsschritt wiederholen.

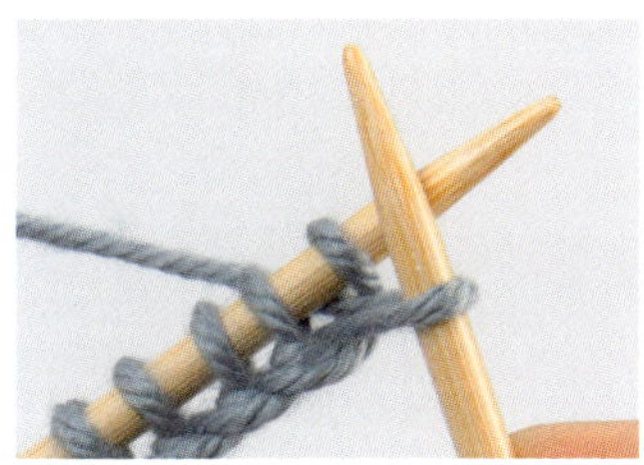

GRUNDMASCHEN

Die grundlegenden Bausteine eines jeden Strickstücks sind die rechte und die linke Masche. Die Maschen liegen auf der Maschennadel in der linken Hand, der Arbeitsfaden liegt auf dem linken Zeigefinger.

DIE EINFACHE RECHTE MASCHE

Die einfache rechte Masche wird in der gegebenen Orientierung abgestrickt.
Zum Stricken einer rechten Masche befindet sich die Masche der Vorreihe auf der Maschennadel in der linken Hand. Bei allen Maschen liegt der rechte Maschenschenkel vor der Nadel, der linke hinter der Nadel. Die Arbeitsnadel wird mit der rechten Hand gehalten.

1 Der Arbeitsfaden liegt auf dem Zeigefinger der linken Hand hinter der Nadel. Mit der Arbeitsnadel vorne von links nach rechts zwischen den Maschenschenkeln der nächsten Masche einstechen, sodass die Arbeitsnadel unter der Maschennadel liegt. Die Nadelspitze der Arbeitsnadel in Pfeilrichtung um den Arbeitsfaden führen.

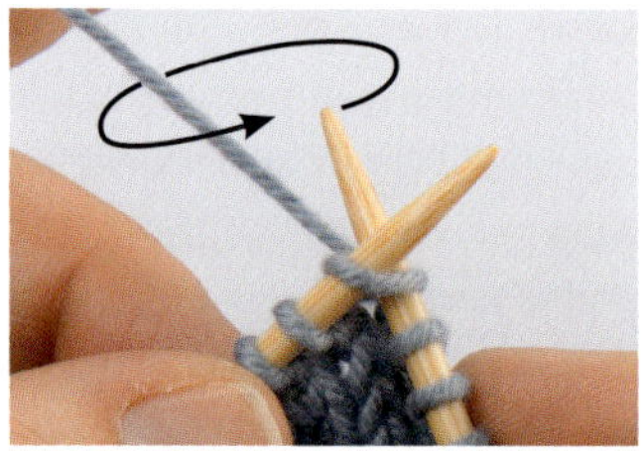

2 Den Faden um die Arbeitsnadel legen und durch die Masche ziehen. Die Masche der Vorreihe von der Maschennadel heben. Die neue rechte Masche befindet sich nun auf der rechten Arbeitsnadel. Diese beiden Arbeitsschritte wiederholen und alle Maschen der linken Nadel als rechte Maschen abstricken. Am Ende der Reihe liegen alle Maschen auf der rechten Arbeitsnadel. Die rechte Masche zeigt im Maschenbild ein „V".

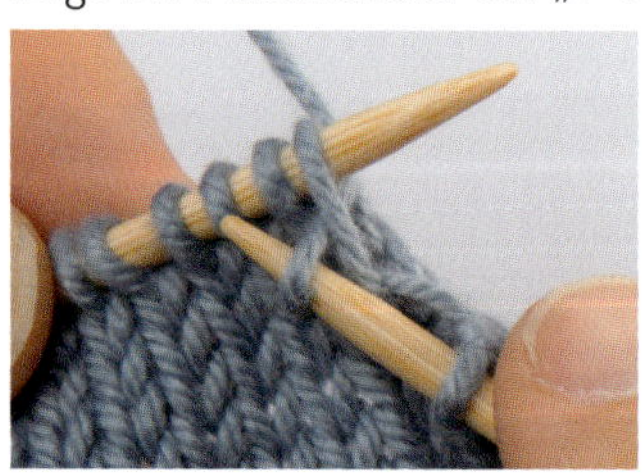

RECHTS VERSCHRÄNKTE MASCHE

1 Für eine rechts verschränkte Masche von rechts nach links zwischen den Maschenschenkeln einstechen. Die Arbeitsnadel liegt unter der Maschennadel. Die Nadel in Pfeilrichtung um den Faden herumführen.

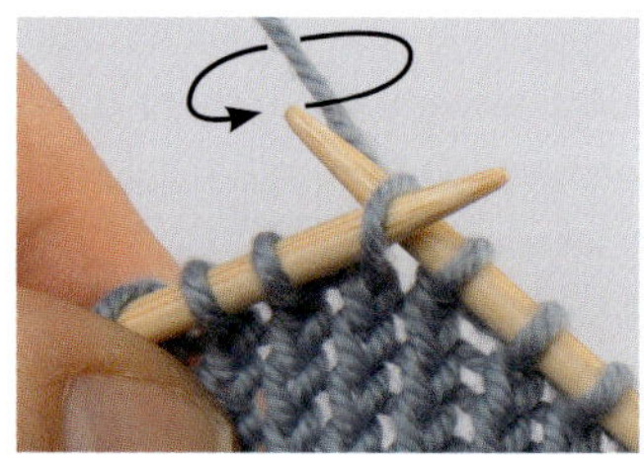

2 Die Fadenschlinge durchziehen und die Masche von der Nadel heben.

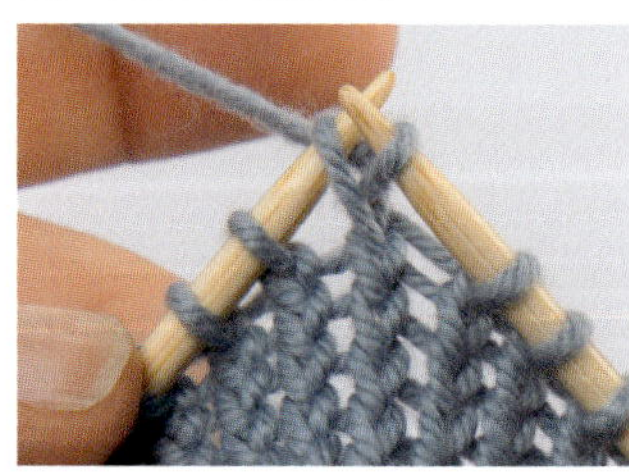

DIE EINFACHE LINKE MASCHE

Die einfache linke Masche wird in der gegebenen Orientierung abgestrickt.
Zum Stricken einer linken Masche befindet sich die Masche der Vorreihe auf der Maschennadel in der linken Hand. Bei allen Maschen liegt der rechte Maschenschenkel vor der Nadel, der linke hinter der Nadel. Die Arbeitsnadel wird mit der rechten Hand gehalten. Der Arbeitsfaden liegt auf dem Zeigefinger der linken Hand vor der Nadel. Er kann mit der Fingerspitze des linken Zeigefingers ein wenig nach unten gedrückt werden.

1 Mit der Arbeitsnadel vorne von rechts nach links zwischen den Maschenschenkeln der nächsten Masche einstechen, sodass die Arbeitsnadel über der Maschennadel liegt. Die Nadelspitze der Arbeitsnadel in Pfeilrichtung um den Arbeitsfaden führen.

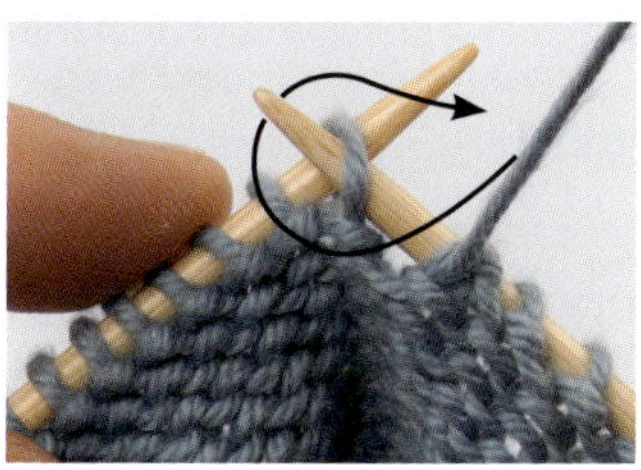

2 Den Faden zwischen beiden Nadeln nach unten führen und durch die Masche ziehen. Die Masche der Vorreihe von der Maschennadel heben. Die neue linke Masche befindet sich nun auf der rechten Arbeitsnadel.
Diese beiden Schritte wiederholen, bis alle Maschen der linken Nadel abgestrickt sind. Die Maschen liegen dann auf der Arbeitsnadel. Die linke Masche zeigt im Maschenbild einen querliegenden Maschenkopf.

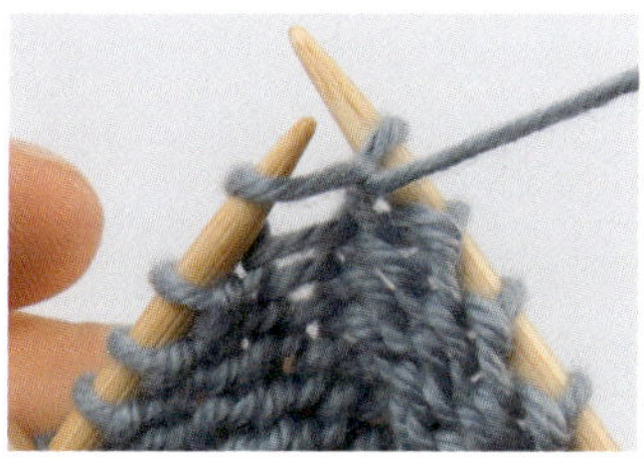

LINKS VERSCHRÄNKTE MASCHE

1 Für eine links verschränkte Masche den Faden nach vorne holen und auf der Rückseite der Arbeit von links nach rechts unter dem hinteren Maschenschenkel einstechen. Den Faden mit der Arbeitsnadel in Pfeilrichtung erfassen und zwischen den beiden Nadeln von oben nach unten führen.

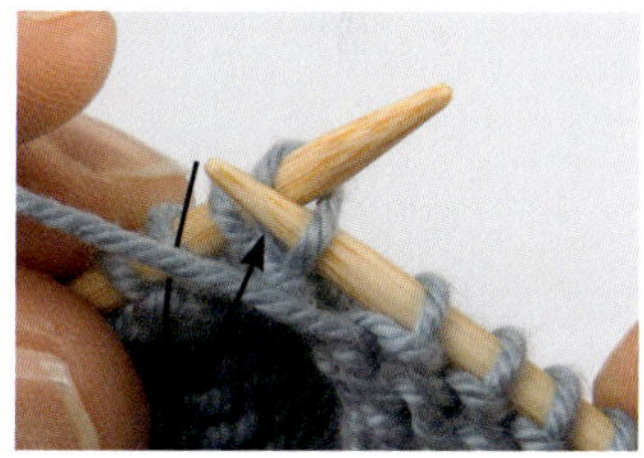

2 Die Fadenschlinge mit der Arbeitsnadel durchziehen und die Masche von der Nadel heben.

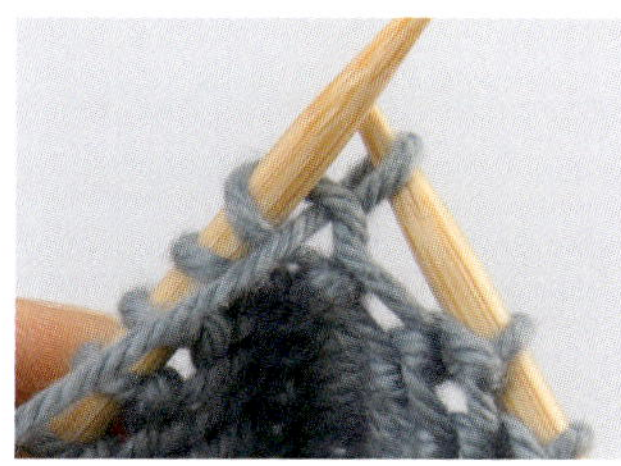

RANDMASCHEN

Als Randmaschen werden die 1. und die letzte Masche jeder Maschenreihe bezeichnet. Je nach Ausführung verleihen sie dem seitlichen Rand mehr Festigkeit oder bereiten das Strickstück auf weitere Arbeitsschritte vor.

NAHTRAND

Der Nahtrand ist ein sehr fester Rand. Da die Randmaschen in jeder Reihe abgestrickt werden, liegen die Querfäden zwischen Randmasche und nächster regulärer Masche dicht beieinander. Damit lassen sich Nähte sehr sauber arbeiten.

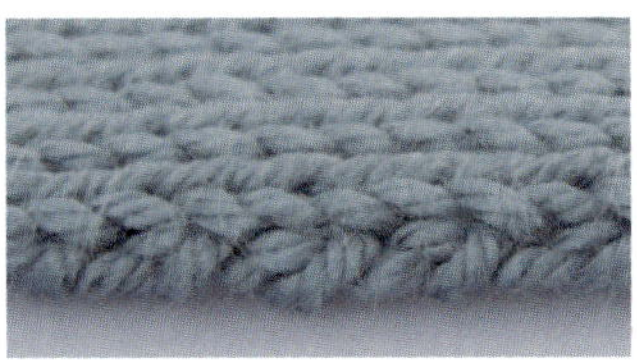

Hinreihe: Die 1. und die letzte Masche rechts stricken.
Rückreihe: Die 1. und die letzte Masche links stricken.

KETTRAND

Der Kettrand ist ein lockerer und dehnbarer Rand, der sich insbesondere für glatt rechts Gestricktes oder für Strickstücke eignet, die später gespannt werden, wie z. B. Lace-Tücher. Er kann auf drei Arten gestrickt werden, es entsteht immer eine Randmasche über 2 Reihen.

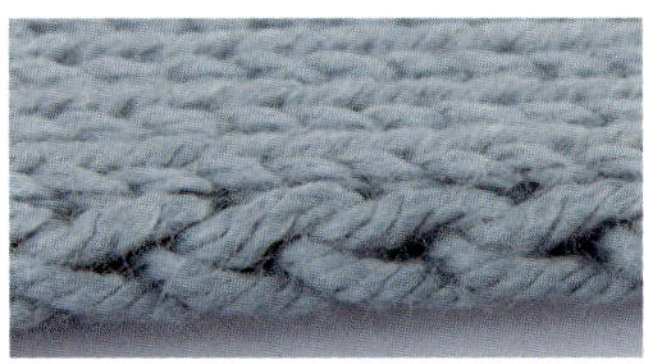

VARIANTE 1

Hinreihe: Beide Randmaschen mit dem Faden vor der Nadel wie zum Linksstricken abheben.
Rückreihe: Die 1. Masche rechts verschränkt, die letzte Masche rechts stricken.

VARIANTE 2

Hinreihe: Die 1. Masche rechts verschränkt, die letzte Masche rechts stricken.
Rückreihe: Beide Randmaschen mit dem Faden vor der Nadel wie zum Linksstricken abheben.

VARIANTE 3

Hin- und Rückreihe: Die 1. Masche mit dem Faden vor der Nadel wie zum Linksstricken abheben, die letzte Masche rechts stricken.

KNÖTCHENRAND

Der Knötchenrand bildet einen festen Rand mit einer Randmasche auf 2 Reihen. Die seitlichen Maschenglieder lassen sich gut unterscheiden, sodass es leichtfällt, Reihen zu zählen oder neue Maschen aus diesem Rand herauszustricken.

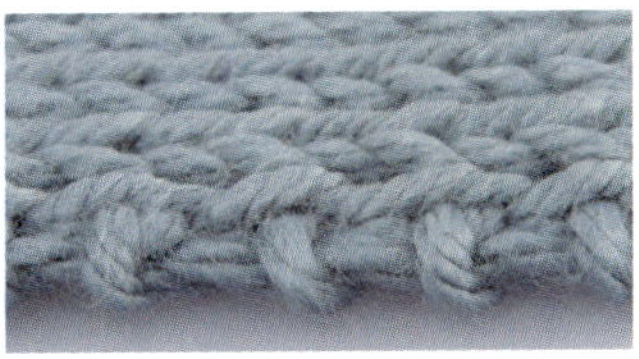

Hin- und Rückreihe: Die 1. Masche wie zum Rechtsstricken abheben, die letzte Masche rechts stricken.

DOPPELTER PERLRAND

Der doppelte Perlrand bildet einen sehr festen und kernigen Rand, der wenig aufträgt. Die Randmaschen heben sich stark voneinander ab und sind gut zu erkennen. Damit eignet sich der doppelte Perlrand sehr gut zum Auffassen neuer Maschen aus dem Seitenrand, wie etwa zum Stricken von Sockenfersen.

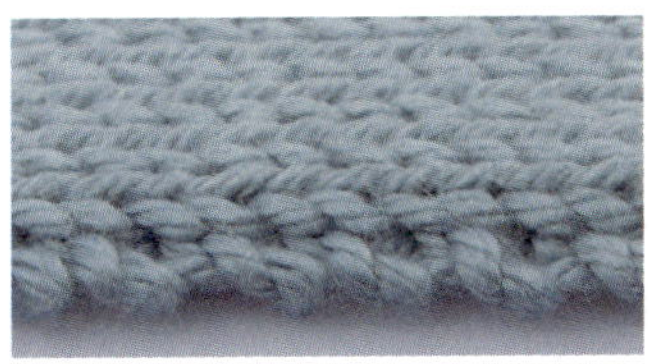

Hin- und Rückreihe: Die 1. und die letzte Masche rechts stricken.

PATENTRAND

Der Patentrand wird für offene Strickstücke im Patentmuster verwendet, z. B. für die Seitenränder von Schals.

Hin- und Rückreihe: Über die ersten und letzten 3 Maschen jeweils die rechten Maschen rechts stricken und die linken Maschen mit dem Faden vor der Masche wie zum Linksstricken abheben.

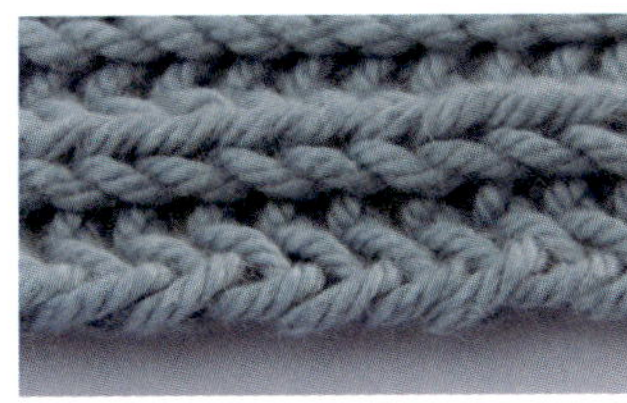

Ohne Patentrand: Werden die Maschen der unteren Reihe beim Stricken größer gezogen, wird das untere Fadenstück bis zum Reihenende weitertransportiert. Der Rand gerät aus der Form.

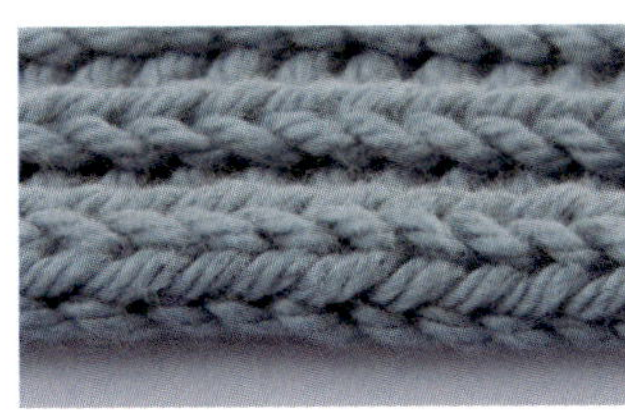

Mit Patentrand: Werden über die ersten und letzten 3 Maschen jeder Reihe die rechten Maschen rechtsgestrickt und die linken abgehoben, liegt das Gestrick flach, und der Rand bleibt gerade.

FÄDEN VERNÄHEN

Wenn der Faden zu Ende geht und mit einem neuen Knäuel weitergearbeitet werden muss, sollte der Garnwechsel möglichst an den Rand einer Reihe gelegt werden, damit die Fadenenden leicht und unauffällig vernäht werden können.

FADENENDE AM STRICKRAND VERNÄHEN

Werden zwei Strickteile zusammengenäht, lassen sich die Fadenenden leicht in den Randmaschen sichern. Dazu zunächst die Naht schließen. Das Fadenende in eine Stopfnadel mit Spitze einfädeln und senkrecht ca. 3–5 cm lang in den Randmaschen vernähen, eine Masche überspringen und durch die gleichen Maschen noch einmal zurückgehen. Das restliche Garnende dicht am Gestrick abschneiden.

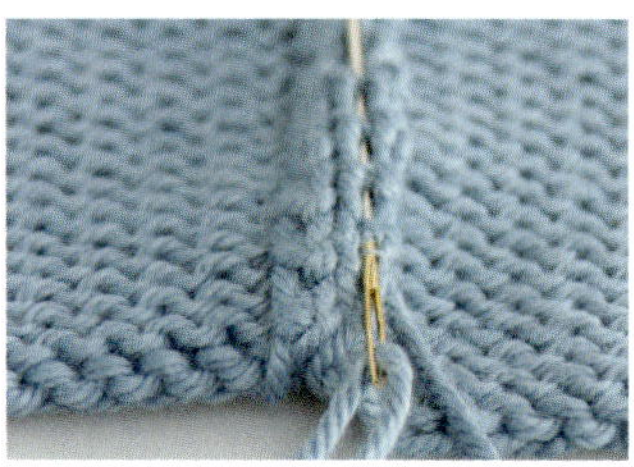

An offenen Strickrändern, die nicht in einer Naht verschwinden, müssen die Fadenenden unsichtbar gesichert werden. Das Fadenende in eine Wollnadel oder Stopfnadel ohne Spitze einfädeln und über einige Maschen entlang der schmalen Seitenkante der Randmaschen einweben. Die letzte Masche überspringen und wieder durch die Maschen zurücknähen. Das übrige Garnende dicht am Gestrick abschneiden.

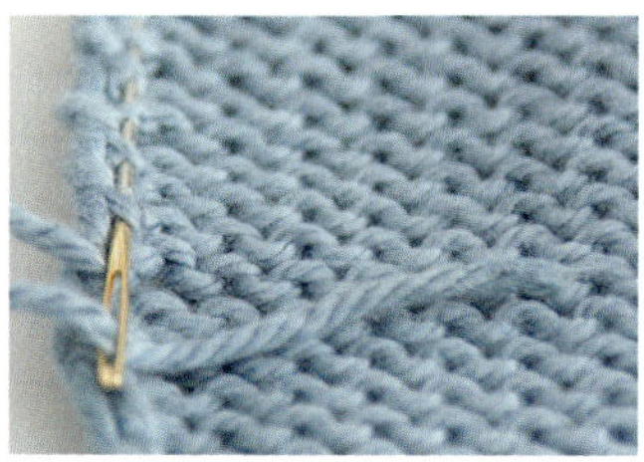

FADENENDE IN EINER REIHE ODER RUNDE VERNÄHEN

Um ein Fadenende auf der Rück- oder Innenseite eines Strickstücks zu vernähen, muss der Faden durch das Garn der bestehenden Maschen gezogen werden. Ein Durchstechen zur Vorderseite sollte man auf jeden Fall vermeiden.

Das Vernähen im Zickzack bietet sich für fest Gestricktes an und erhält die Elastizität an der vernähten Stelle. Bei locker Gestricktem oder an Stellen, die beim Tragen gedehnt werden, kann der Faden aber leicht durch das Maschenbild durchscheinen. Insbesondere für das Vernähen eines Fadens in einer Kontrastfarbe bietet es sich dann an, das Fadenende auf der Rückseite durch einzelne Fäden der Maschen zu ziehen. Vor dem Wenden wieder eine Masche auslassen und noch einmal über dieselbe Stelle zurücknähen.

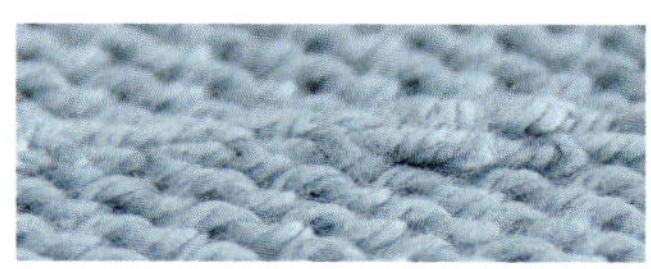

Waagerecht in den Maschen einer Reihe vernäht

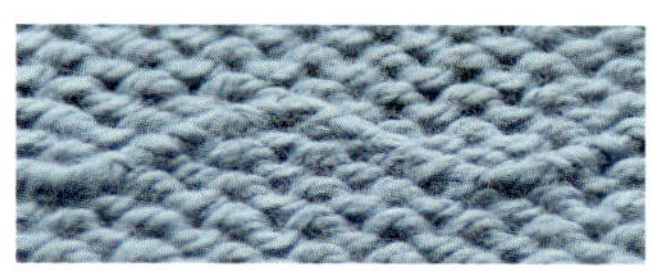

Im Zickzack in den Maschen mehrerer Reihen vernäht

EINWEBEN VON FADENENDEN

Besonders Muster in vielen verschiedenen Farben bereiten zum Schluss noch einmal richtig Mühe, und das Vernähen erfordert viel Geduld. Man kann diese Näharbeit umgehen, indem man Fadenenden während des Strickens gleich mit einwebt. Dazu sollten die Garne einen möglichst hohen Wollanteil aufweisen. Je mehr sich die Fasern ineinander verhaken können, desto sicherer sind die Fadenenden im Gestrickten später verankert. Geeignete Strickmuster sind glatt rechts, kraus rechts und alle weiteren Muster, bei denen mindestens jede 2. Masche als rechte Masche gestrickt wird. Beim Einweben von Fäden verliert das Gestrick nichts von seiner Elastizität.

EINFACHES EINWEBEN VON FADENENDEN

Um ein Fadenende einzuweben, sollte es noch mindestens 20 cm lang sein. Ist man durch das Strickmuster nicht auf eine bestimmte Stelle festgelegt, sucht man sich am besten eine unauffällige Stelle, z. B. unter dem Ärmel, und versucht zu vermeiden, dass alle Garnwechsel genau übereinander liegen.

1 Bis zu der Stelle stricken, an der der neue Faden angesetzt werden soll, und 2 Maschen mit dem neuen Garn arbeiten. Das Ende des neuen Fadens ca. 20 cm lang auf der Rückseite hängen lassen. Mit Daumen und Mittelfinger der linken Hand beide Fadenenden miteinander verdrehen. Der Arbeitsfaden liegt weiterhin auf dem linken Zeigefinger; Ring- und kleiner Finger der linken Hand halten die linke Nadel.

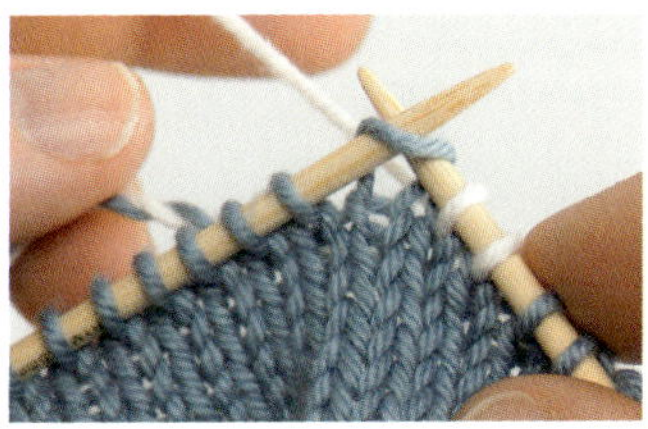

2 Mit der Arbeitsnadel wie zum Rechtsstricken in die folgende Masche einstechen, die Nadel unter den beiden verdrehten Fadenenden durchführen, den neuen Faden zum Rechtsstricken fassen und unter den Fadenenden hindurch durch die Masche ziehen.

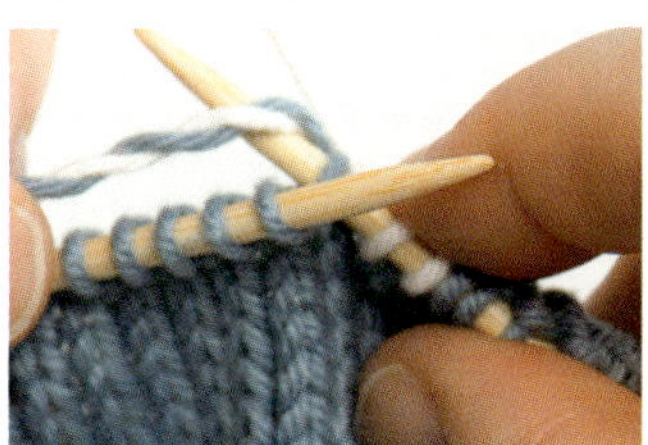

3 Je nach Muster zum Rechts- oder Linksstricken in die folgende Masche einstechen, den Arbeitsfaden über den beiden verdrehten Fadenenden hinweg fassen und durch die Masche ziehen.

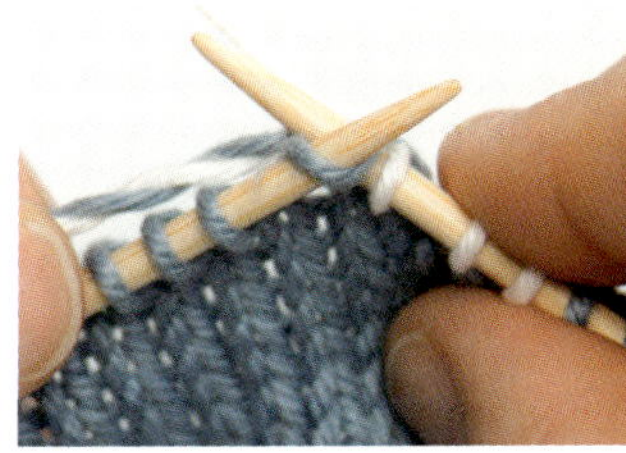

Je mehr Wechsel von über- und unterstochenen Faden enden gearbeitet werden, desto sicherer sind die Fadenenden schließlich verankert. Eine gute Verankerung erhält man durch das Einweben über 16 bis 20 Maschen.

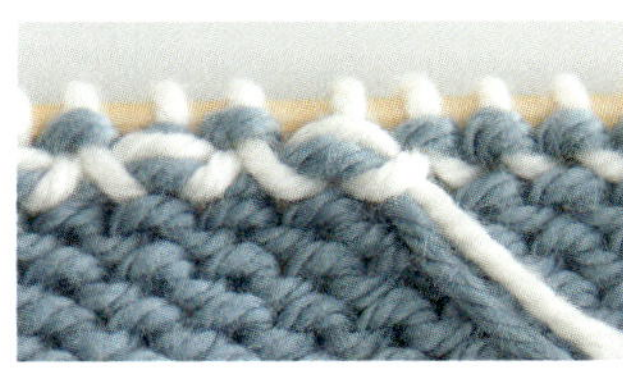

ABSCHLÜSSE

Während der Maschenanschlag das Fundament für alle Maschenreihen bildet, sorgt das Abketten für den oberen Abschluss der letzten Maschenreihe. Die Art des Abkettens bestimmt die Eigenschaften der oberen Kante. In der letzten Masche muss anschließend der abgeschnittene Arbeitsfaden befestigt werden, sodass sich die Maschenreihen nicht wieder lösen können.

DIE LETZTE MASCHE

Die letzte Masche eines Strickstücks bleibt als einzige offene Masche nach dem Abketten übrig. Sie kann auf verschiedene Arten geschlossen werden.

Nach dem Abketten wird der Arbeitsfaden oft abgeschnitten und durch die letzte Schlinge gezogen. Dabei fällt die Masche der darunterliegenden Reihe besonders locker aus. Wird die Abkettkante später in eine Naht eingenäht oder umhäkelt, fällt diese vergrößerte Masche nicht auf.

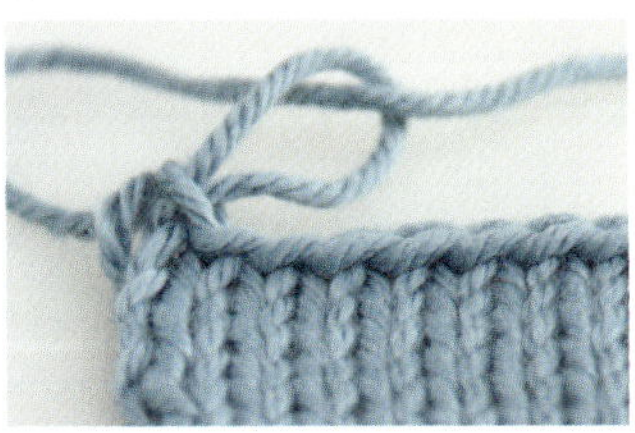

Es ist auch möglich, den Arbeitsfaden abzuschneiden und die Masche so weit zu ziehen, bis sich ein Maschenschenkel vollständig aufgelöst hat. Auch hierbei erscheint die Masche der darunterliegenden Reihe größer.

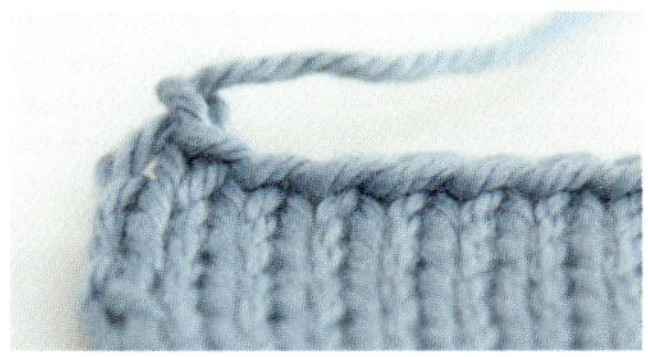

ABKETTEN DURCH ÜBERZIEHEN

Beim Abketten durch Überziehen werden jeweils 2 Maschen gestrickt. Die erste Masche wird anschließend über die zweite Masche und über die Nadelspitze hinweggehoben, sodass sich deren Maschenkopf wie eine Schlinge um die Schenkel der Masche auf der Nadel legt.

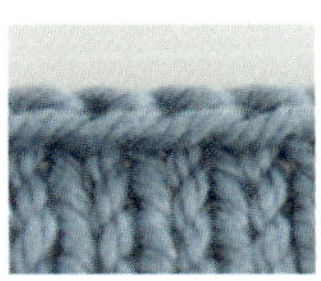

Rechtes Abketten

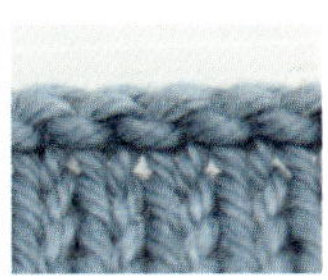

Linkes Abketten

RECHTES ABKETTEN

Das rechte Abketten ist die einfachste und gebräuchlichste Art, Maschen abzuketten. In einer Hinreihe gearbeitet, passt sich die Abkettkante in glatt rechts Gestricktes ein. Damit die Abschlusskante nicht einschneidet, die Abkettreihe möglichst locker arbeiten. Es kann hilfreich sein, dazu eine größere Nadelstärke zu wählen. Bei normaler Fadenspannung erhält man eine Abschlusskante von mittlerer Elastizität.

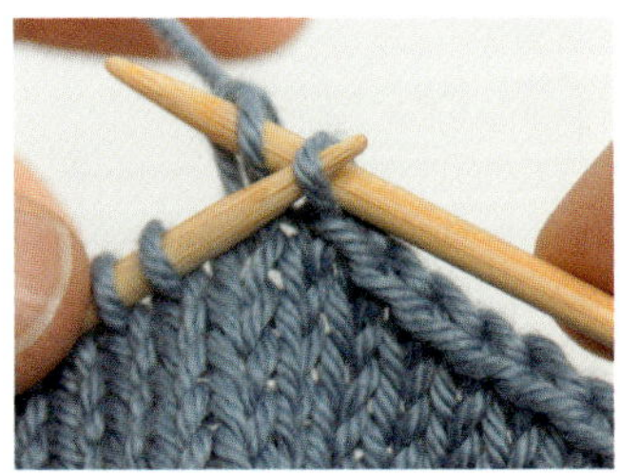

Zu Beginn der Abkettkante 2 Maschen rechts stricken. Mit der linken Nadel von links nach rechts in den vorderen Maschenschenkel der rechten Ma-

sche einstechen, über die linke Masche und die Nadelspitze ziehen und von der Nadel gleiten lassen. Den Faden nicht weiter anziehen.
* Eine weitere Masche rechts stricken, die rechte der beiden Maschen wiederum über Masche und Nadelspitze hinweg überziehen und von der linken Nadel gleiten lassen.
Die Arbeitsschritte ab * fortlaufend wiederholen.

LINKES ABKETTEN

Das linke Abketten wird auf ähnliche Weise gearbeitet wie das rechte Abketten. Dabei werden die Maschen jedoch vor dem Überziehen linksgestrickt. Der Abkettrand passt sich gut in glatt links Gestricktes ein, die Rückseite der Abkettkante erscheint wie die Vorderseite der rechten Abkettkante. Auf diese Weise lässt sich ein glatt rechtes Gestrick in einer Rückreihe links abketten.

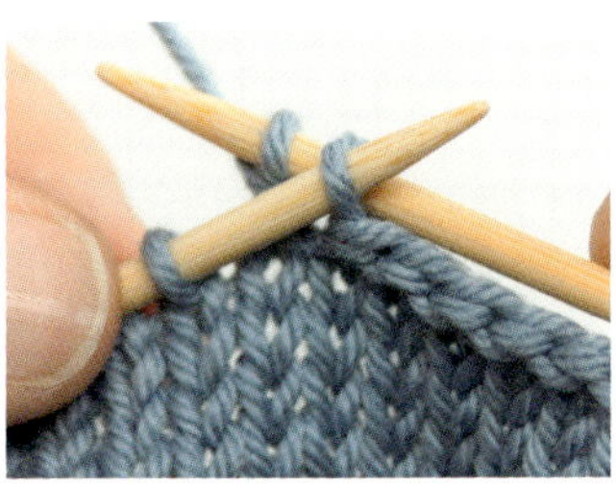

Zunächst 2 Maschen links stricken. Die rechte der 2 Maschen auf der rechten Nadel über die linke Masche und über die Nadelspitze hinwegheben und von der linken Nadel gleiten lassen.
* Eine weitere Masche links stricken und die rechte der beiden Maschen wiederum über Masche und Nadelspitze hinweg überziehen und von der linken Nadel gleiten lassen.
Die Arbeitsschritte ab * fortlaufend wiederholen.

ELASTISCHES ABKETTEN MIT UMSCHLAG

Manche Strickstücke erfordern ganz besonders elastische Abkettkanten. Durch das elastische Abketten mit Umschlag erhält man einen besonders dehnbaren Rand, der jedoch nur im leicht gespannten Zustand eine saubere Abschlusskante zeigt.

1 Zu Beginn der Abkettreihe einen inversen Umschlag auf die rechte Nadel nehmen.

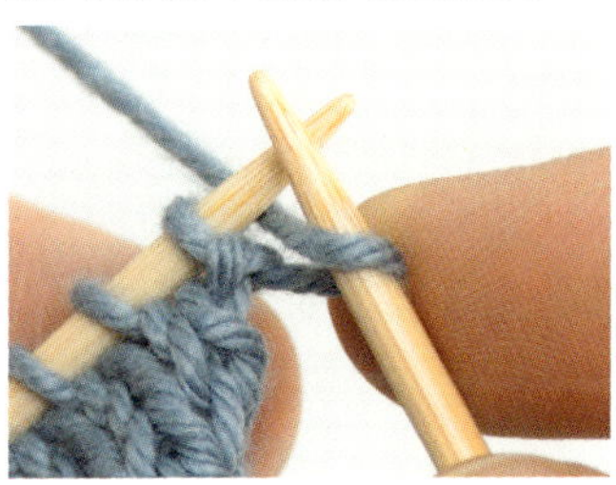

2 1 Masche rechts stricken und den Umschlag mit der linken Nadel über die Masche und die Nadelspitze hinaus überziehen.

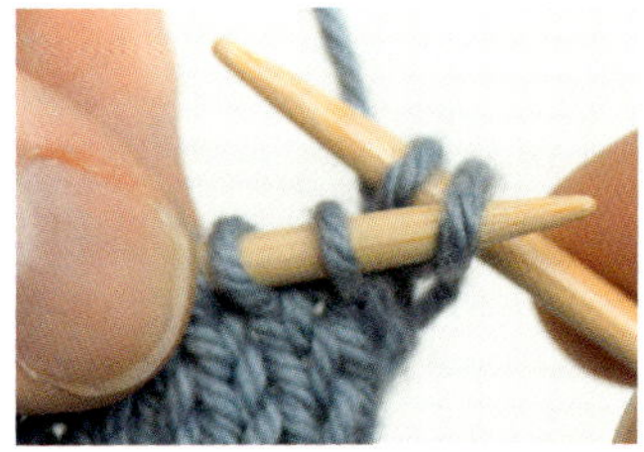

3 * Einen inversen Umschlag über die rechte Nadel legen und 1 Masche im Muster stricken. Mit der linken Nadel den Umschlag und die rechte Masche gemeinsam über die linke Masche und über die Nadelspitze überziehen und von der linken Nadel gleiten lassen.

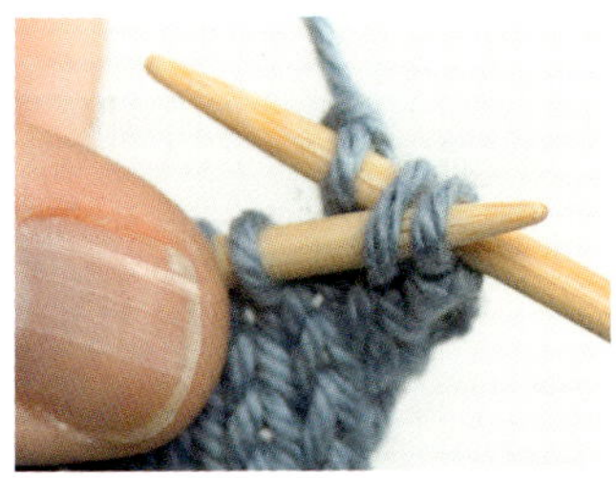

Ab * fortlaufend wiederholen und so alle Maschen abketten. Die letzte Masche auf gewünschte Weise abketten.

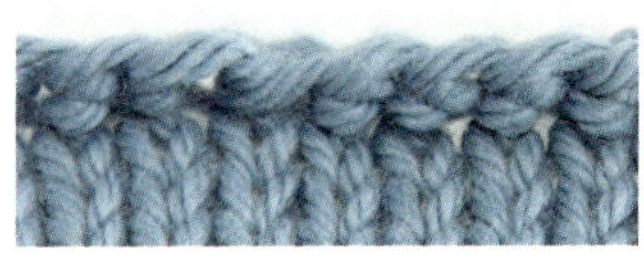

ABNÄHEN EINES 1/1-RIPPENBÜNDCHENS

Alle rechten Maschen auf eine Nadel und alle linken Maschen auf eine andere Nadel heben. Beide Nadeln parallel in der linken Hand halten – die Nadel mit den rechten Maschen vorne, die Nadel mit den linken Maschen hinten. Mit der Wollnadel in der rechten Hand abnähen.
Das Abnähen beginnt mit einer rechten Masche. Falls es mit einer linken Masche beginnt, diese vorher mit der folgenden rechten Masche rechts zusammenstricken.

1 In die 1. Masche der vorderen Nadel wie zum Linksstricken einstechen, in die 1. Masche der hinteren Nadel wie zum Rechtsstricken einstechen. Beide Maschen auf der Nadel lassen.

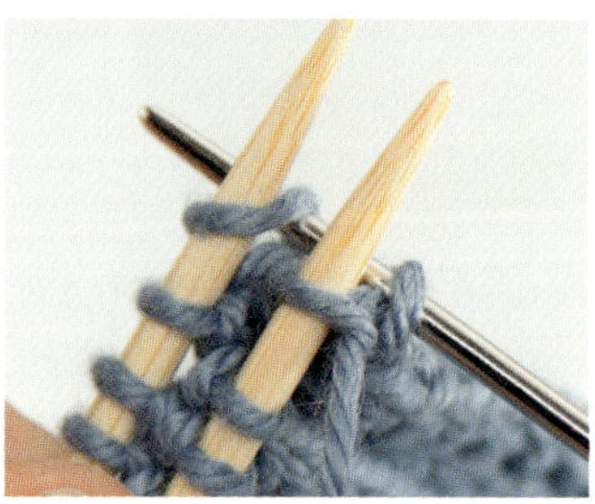

2 * Nur die vordere Nadel abnähen: Die 1. Masche wie zum Rechtsstricken abheben und in die 2. Masche wie zum Linksstricken einstechen, die Masche aber nicht abheben. Den Faden durchziehen.

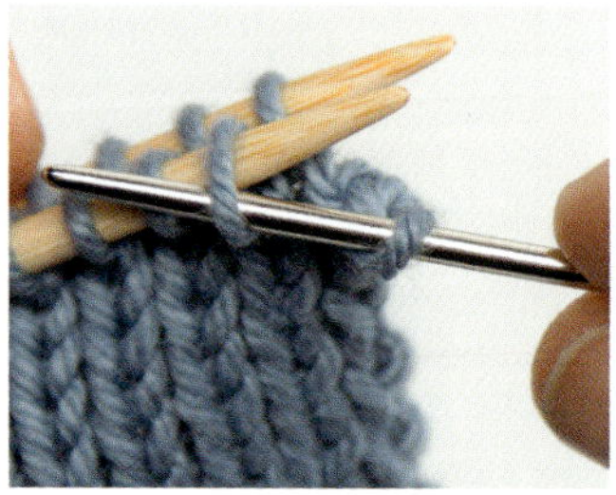

3 Nur die hintere Nadel abnähen: Die 1. Masche wie zum Linksstricken abheben und in die 2. Maschen wie zum Rechtsstricken einstechen, die Masche aber nicht abheben. Den Faden durchziehen.

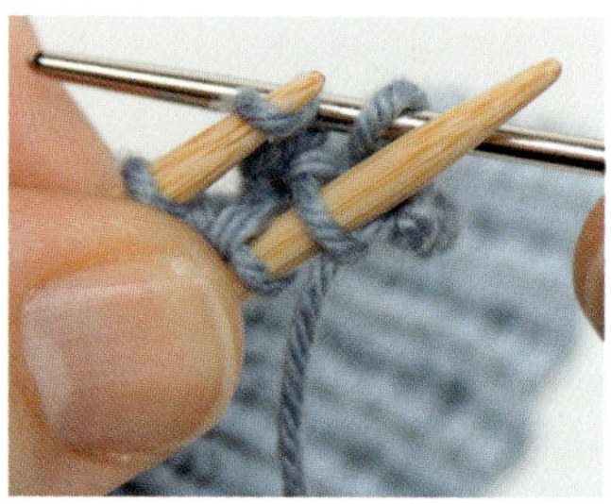

Ab * fortlaufend wiederholen, bis alle Maschen abgenäht sind. Den Faden zum Schluss noch einmal in Strickrichtung durch die letzte Masche ziehen.

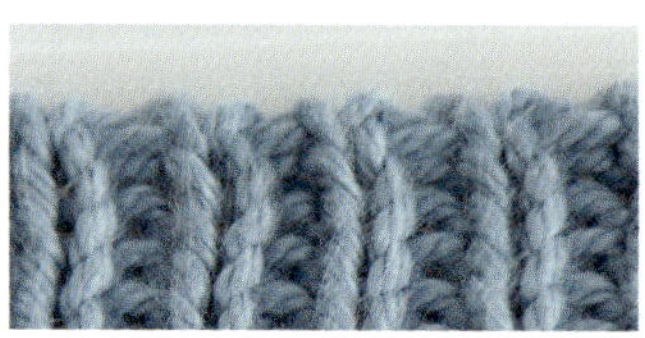

ITALIENISCHES ABNÄHEN

Das italienische Abnähen ergibt eine runde und sehr elastische Abschlusskante, ähnlich dem italienischen Anschlag. Es eignet sich besonders für Rippenbündchen. Vorder- und Rückseite sehen gleich aus.

VORBEREITUNG EINES 2 RECHTS/2 LINKS RIPPENBÜNDCHENS

Um die Übergangsreihen im Tunnel stricken zu können, das 2/2-Bündchen zunächst durch einfache Verzopfungen in ein 1/1-Bündchen umwandeln:
Für ein 2/2-Rippenbündchen, das mit 2 rechten Maschen beginnt, stricken wie folgt:
* 1 Masche rechts, 1 Masche auf einer Zopfnadel nach vorne legen, 1 Masche links, die Masche der Zopfnadel rechts stricken, 1 Masche links; ab * fortlaufend wiederholen.

Für ein 2/2-Rippenbündchen, das mit 2 linken Maschen beginnt, stricken wie folgt:
* 1 Masche links, 1 Masche auf einer Zopfnadel hinter die Arbeit legen, 1 Masche rechts, die Masche der Zopfnadel links stricken, 1 Masche rechts; ab * fortlaufend wiederholen.

Beginnt ein 2/2 Rippenbündchen mit 1 rechten oder 1 linken Masche vor einer doppelten Rippe, beginnt man mit den Verzopfungen erst nach den ersten 2 Maschen. Randmaschen sollten nicht mit verzopft werden.

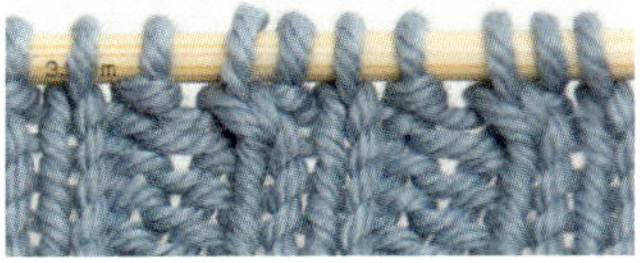

ITALIENISCHES ABNÄHEN EINES 1/1-RIPPEN-BÜNDCHENS

Dieser Abschluss erhält seine Elastizität durch 6 als Tunnel gestrickte Übergangsreihen.
In jeder der 6 Reihen alle rechten Maschen rechts stricken und alle linken Maschen mit dem Faden vor der Masche wie zum Linksstricken abheben. Dann die Maschen als 1/1-Bündchen abnähen.

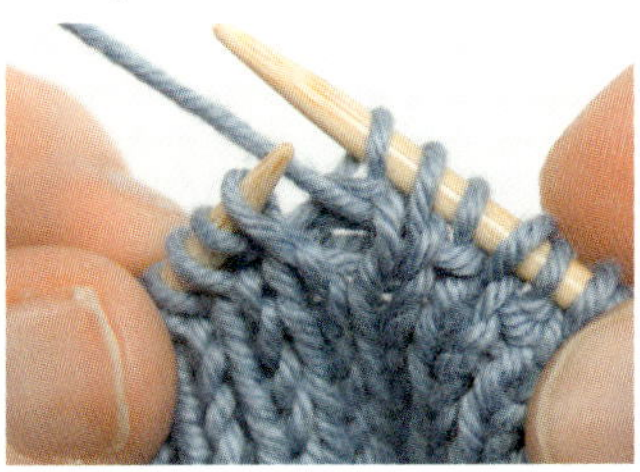

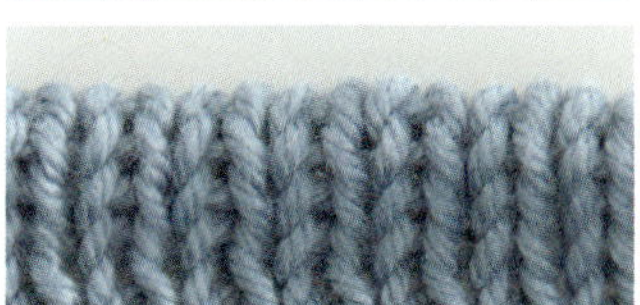

KORDELRAND

Der Kordelrand, international auch I-Cord genannt, ist eine elegante Art, gleich beim Abketten der Maschen einen festen, dekorativen Rand als schmale Blende direkt an die Kante anzustricken. Er eignet sich für Halsausschnitte oder Frontblenden für einen klaren, wenig verspielten Abschluss.

1 Am Beginn der Abkettreihe 3 Maschen aufstricken.

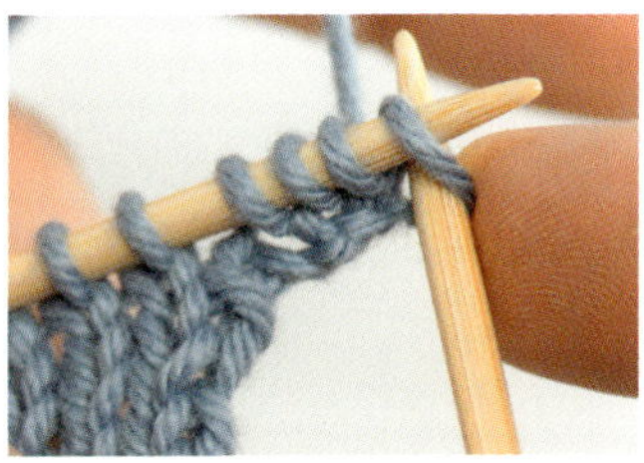

2 * 2 Maschen rechts stricken, dann 2 Maschen rechts verschränkt zusammenstricken.

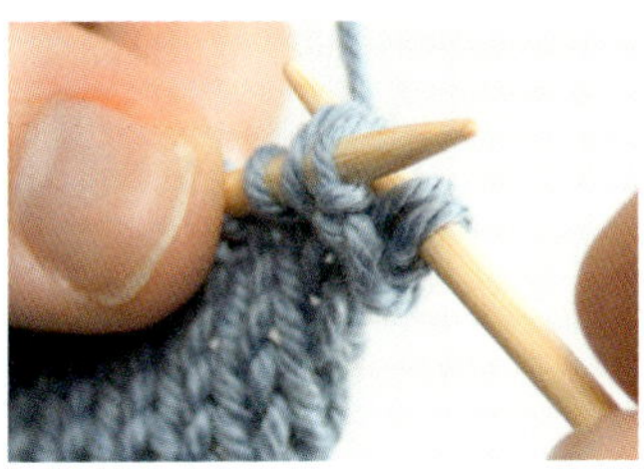

3 Die 3 Maschen zurück auf die linke Nadel heben. Den Arbeitsfaden auf der Rückseite fest anziehen.

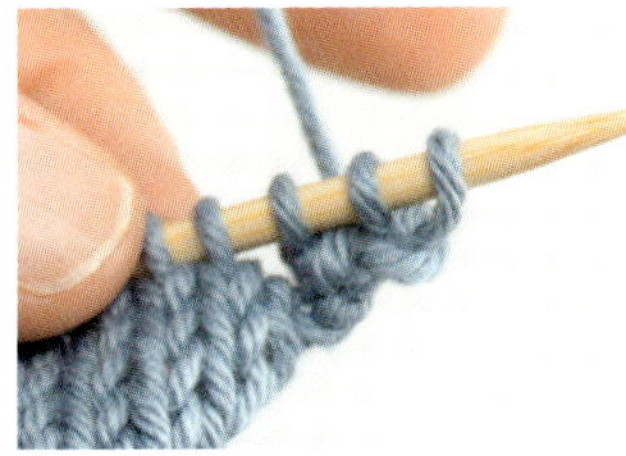

Ab * fortlaufend wiederholen bis zur letzten Masche.

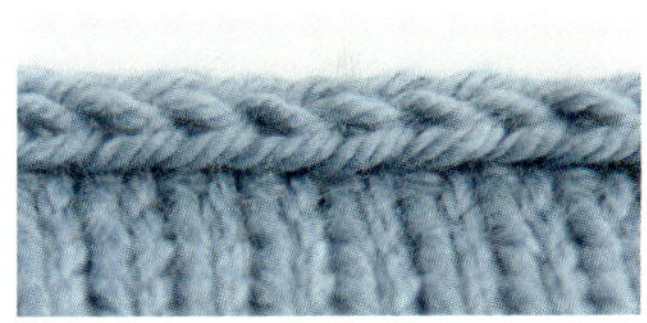

VERÄNDERTE GRUNDMASCHEN

Rechte und linke Maschen lassen sich auf vielfältige Weise abändern und ergänzen. Damit sind unvorstellbar viele Kombinationen aus Maschen möglich, die für das Muster- und Formstricken zur Verfügung stehen.

EINE MASCHE ABHEBEN

Wird eine Masche abgehoben, wird sie in der Regel ungestrickt von der linken auf die rechte Nadel gehoben. Dazu kann man mit der Arbeitsnadel wie zum Linksstricken oder wie zum Rechtsstricken in die Masche einstechen. Auch macht es einen Unterschied, ob sich der Arbeitsfaden vor der Arbeit befindet oder auf der Rückseite.

Beim Abheben einer Masche lässt sich ihre Orientierung auf der Nadel drehen, sodass sich anschließend nicht wie üblich der rechte Maschenschenkel vor der Nadel befindet, sondern der linke. Auch beim Musterstricken kann man mit abgehobenen Maschen schöne Effekte erzielen.

EINE MASCHE WIE ZUM RECHTSSTRICKEN ABHEBEN

Hebt man eine Masche wie zum Rechtsstricken mit dem Arbeitsfaden hinten ab, dreht sich die Masche dabei, sodass ihre Orientierung nun invers zur Orientierung der übrigen Maschen ist. Die gedrehte Orientierung der Masche macht man sich etwa dann zunutze, wenn man zwei Maschen mit einer Neigung nach links zusammenstricken will.

Die rechte Nadel sticht von links nach rechts in die Masche ein, als wolle man sie rechts abstricken, und hebt sie von der linken Nadel ab. Damit ist die Masche mit inverser Orientierung von der linken Nadel auf die Arbeitsnadel gewandert, ohne dabei gestrickt worden zu sein. Auf der Rückseite der Arbeit liegt ein kurzer Spannfaden hinter der Masche.

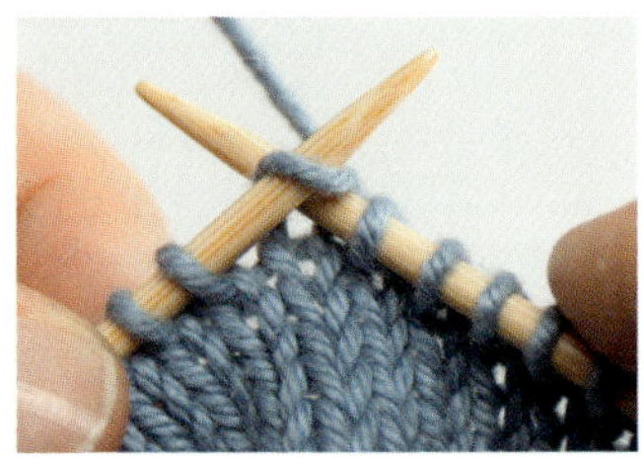

Soll eine Masche wie zum Rechtsstricken abgehoben werden, wird das in der Anleitung ausdrücklich erwähnt.

EINE MASCHE WIE ZUM LINKSSTRICKEN ABHEBEN

Das Abheben einer Masche wie zum Linksstricken mit dem Arbeitsfaden hinten ist die einfachste Art, eine Masche von der linken auf die rechte Nadel wandern zu lassen. In Anleitungen lautet die Anweisung dafür meist nur: „1 Masche abheben".

Der Arbeitsfaden legt sich als kurzer Spannfaden hinter die Masche, die im Maschenbild in der Höhe über 2 Reihen erscheint. Rechte Maschen, die über mehr als eine Reihe gezogen werden, werden auch als Zugmaschen bezeichnet.

Die rechte Nadel von rechts nach links in die Masche einstechen, als wolle man sie links abstricken, und von der linken Nadel abheben. Damit ist die Masche mit ihrer ursprünglichen Orientierung von der linken Nadel auf die Arbeitsnadel gewandert, ohne dabei gestrickt worden zu sein. Auf der Rückseite der Arbeit liegt ein kurzer Spannfaden hinter der Masche.

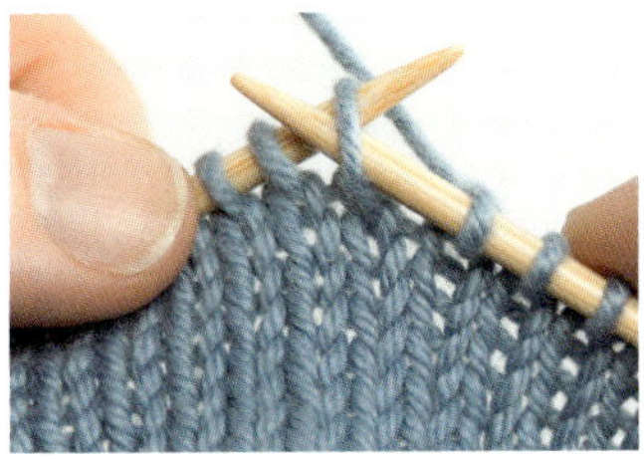

EINE MASCHE MIT DEM ARBEITSFADEN VOR DER ARBEIT ABHEBEN

Der Spannfaden, der sich beim Abheben einer Masche zwischen der vorherigen und der folgenden Masche spannt, kann auch als Musterelement verwendet werden. Dabei sollte man besonders in den Rückreihen beachten, auf welcher Seite der Faden verlaufen soll. Als Musterelement wird die abgehobene Masche in der regulären Orientierung benötigt.

Den Faden wie zum Linksstricken vor die Arbeit holen, von rechts nach links wie zum Linksstricken in die Masche einstechen und sie von der linken auf die rechte Nadel abheben. Der Spannfaden legt sich vor die Masche.

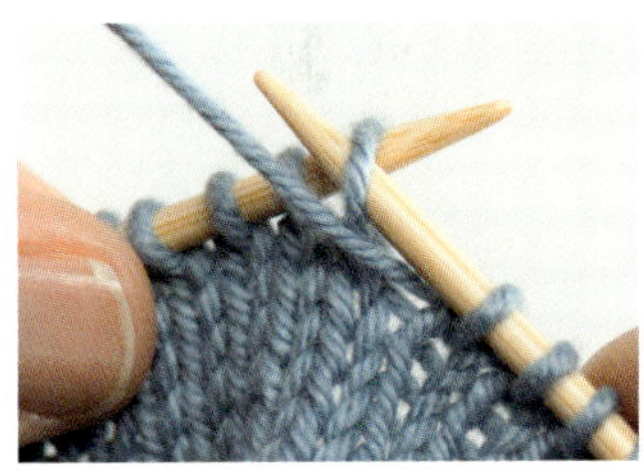

UMSCHLÄGE

Umschläge werden zum Stricken von Lochmustern und zur Formgebung benötigt. Werden Umschläge in der Folgereihe einfach rechts oder links abgestrickt, erscheint an der Stelle ein Loch. Zum Musterstricken können auch mehrere Umschläge direkt nacheinander gearbeitet werden. Reduziert man die Maschenzahl nicht gleichzeitig, erhöht sich die Zahl der Maschen.

EINFACHER UMSCHLAG

Ein einfacher Umschlag weist auf der Nadel die gleiche Orientierung auf, wie alle übrigen Maschen.

1 Den Faden wie zum Linksstricken vor die Arbeit holen und über die rechte Nadel hinweg nach hinten legen. Um die folgende Masche rechts abzustricken, den Umschlag mit dem Zeigefinger der rechten Hand auf der Nadel fixieren, bis die nächste Masche abgestrickt ist.

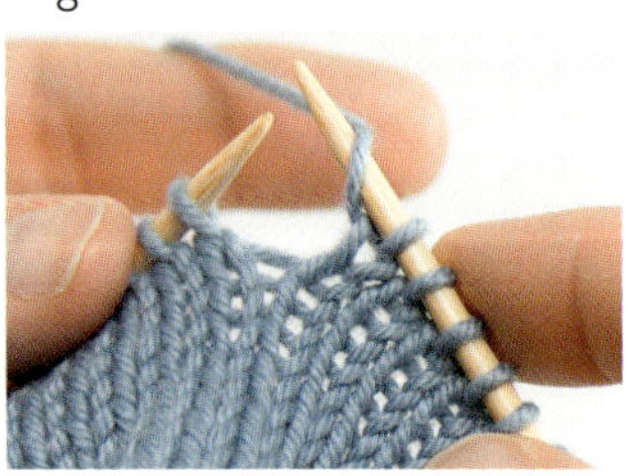

2 Soll die folgende Masche links abgestrickt werden, den Faden zwischen den beiden Nadeln wieder nach vorne führen.

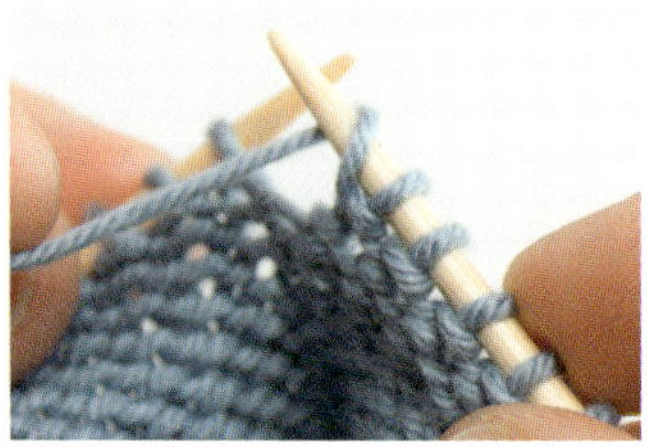

INVERSER UMSCHLAG

Bei dem inversen oder gedrehten Umschlag wird der Arbeitsfaden in umgekehrter Orientierung auf die Nadel gelegt.

1 Den Faden wie zum Rechtsstricken hinter der Arbeit halten. Wenn zuvor eine linke Masche gestrickt wurde und sich der Arbeitsfaden noch auf der Vorderseite befindet, wird er zwischen beiden Nadeln nach hinten geführt. Den Faden von hinten über die Arbeitsnadel nach vorne legen. Soll die folgende Masche als rechte Masche weitergearbeitet werden, den Faden wieder zwischen den Nadeln nach hinten führen.

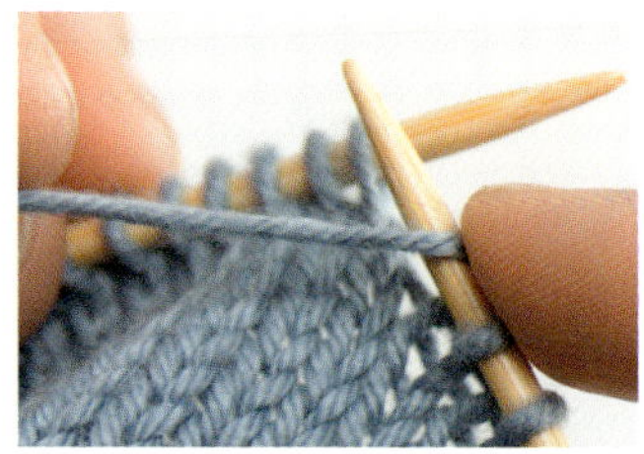

2 Folgt eine linke Masche, den Umschlag mit dem Zeigefinger der rechten Hand auf der Nadel fixieren, bis die Masche links abgestrickt ist.

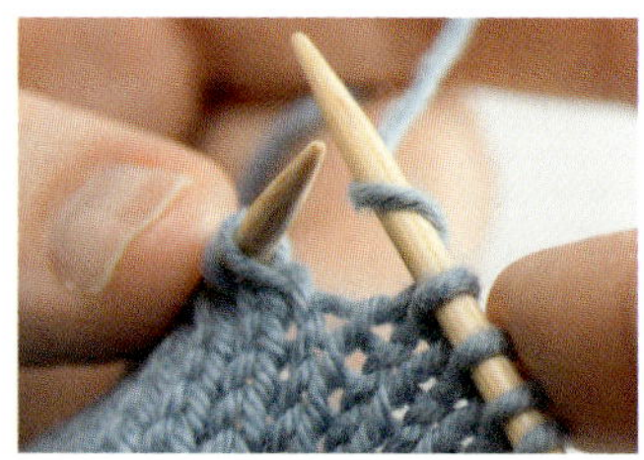

WICKELMASCHEN

Die einfache Wickelmasche wird zur Formgebung als Wendemasche in verkürzten Reihen verwendet. Umwickelte Maschengruppen bilden sehr dekorative Elemente, mit denen man beim Musterstricken einen Smokeffekt erzielen kann.

EINFACHE WICKELMASCHE

Je nachdem, ob man eine rechte oder linke Masche umwickeln möchte, befindet sich der Arbeitsfaden hinter oder vor der Arbeit. Diese Position des Fadens gibt bereits die Richtung vor, in der der Faden um die Masche gelegt wird.

EINE RECHTE MASCHE UMWICKELN

1 Den Arbeitsfaden hinter der Arbeit halten und die Masche wie zum Linksstricken abheben. Den Arbeitsfaden hinter der Masche entlang und zwischen den beiden Nadeln nach vorne führen.

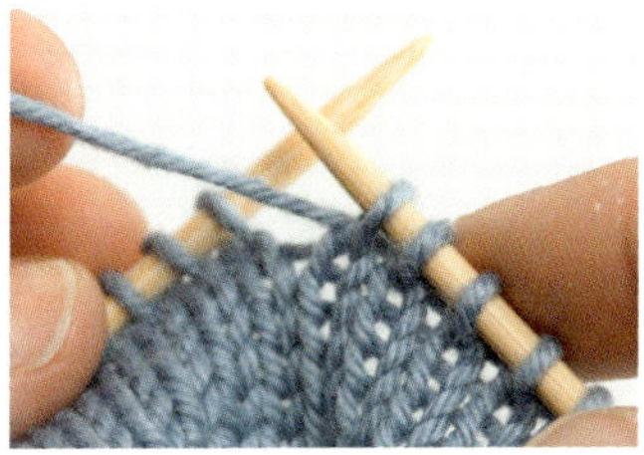

2 Die Masche zurück auf die linke Nadel heben und den Faden zwischen den beiden Nadeln wieder auf die Rückseite der Arbeit legen.

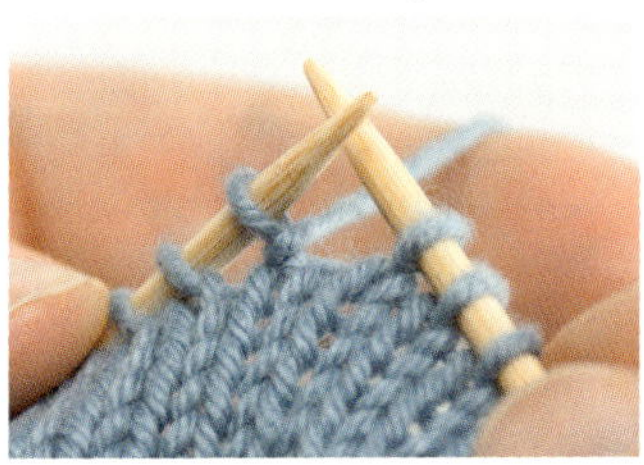

EINE LINKE MASCHE UMWICKELN

1 Den Arbeitsfaden vor der Arbeit halten und die Masche wie zum Linksstricken abheben. Den Arbeitsfaden zwischen den beiden Nadeln von vorne nach hinten legen.

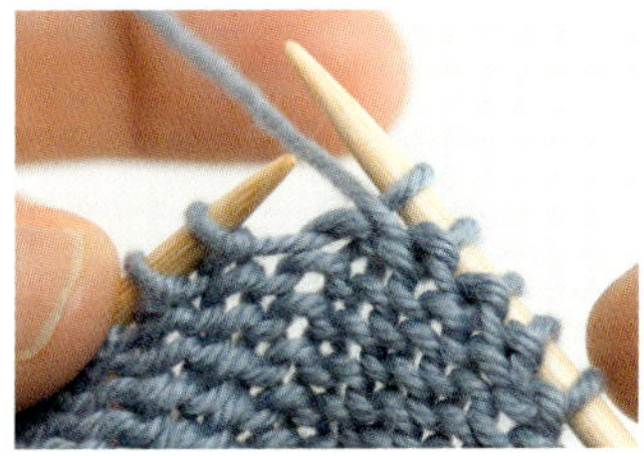

2 Die Masche zurück auf die linke Nadel heben und den Faden zwischen den beiden Nadeln wieder nach vorne führen.

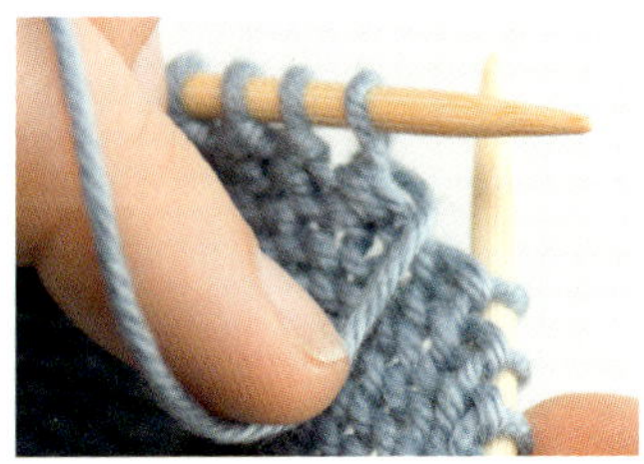

ÜBERZOGENE MASCHEN

Überzogene Maschen werden zum Abketten und zum Musterstricken benötigt.

EINE MASCHE VON RECHTS NACH LINKS ÜBERZIEHEN

Das Überziehen einer Masche von rechts nach links ist die gebräuchlichste Art. Sie wird daher in der Regel ohne Richtungsangabe einfach als Überziehen beschrieben und verringert die Maschenzahl um eins. Eine Masche, die übergezogen werden soll, befindet sich auf der rechten Nadel. Sie kann bereits abgestrickt oder einfach nur abgehoben worden sein.

1 Um diese Masche über die folgende Masche zu ziehen, mit der linken Nadel vorne von links nach rechts unter dem vorderen Maschenschenkel einstechen, die Masche lockern und so großziehen, dass sie über die folgende Masche und über die Spitze der rechten Nadel gehoben werden kann.

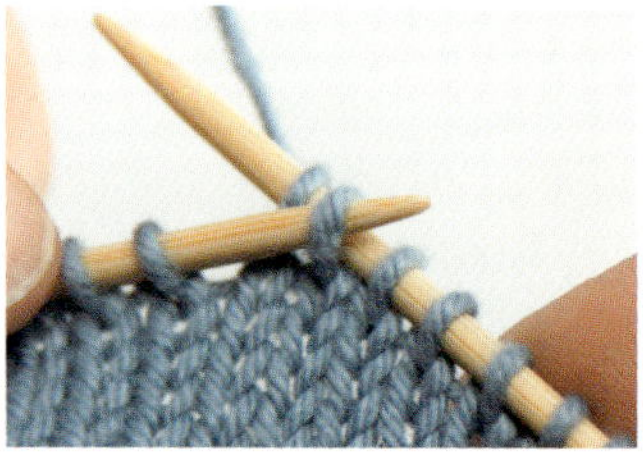

2 Lässt man sie von der linken Nadel gleiten, zieht sie sich als Schlinge um die Maschenschenkel der Masche, über die sie gezogen wurde, und liegt quer darüber. Im Maschenbild ergibt sich eine Maschenabnahme mit einer Neigung nach links.

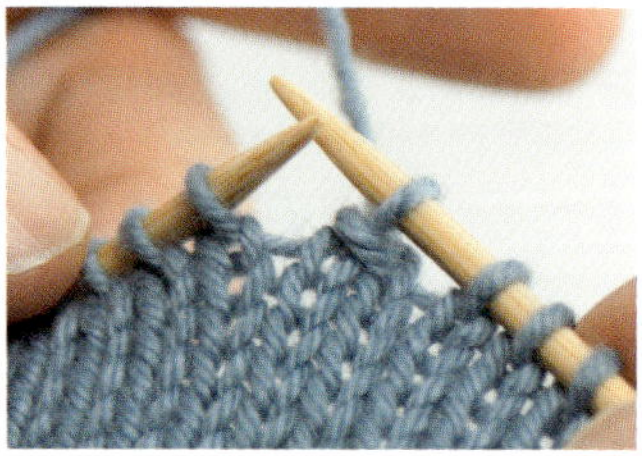

EINE MASCHE VON LINKS NACH RECHTS ÜBERZIEHEN

Das Überziehen einer Masche von links nach rechts wird überwiegend zum Abketten der letzten Masche verwendet, um eine großgezogene letzte Schlinge zu vermeiden.

1 2 Maschen stricken und zurück auf die linke Nadel heben. Mit der rechten Nadel von rechts nach links unter dem vorderen Maschenschenkel der übernächsten Masche auf der linken Nadel einstechen und diese Masche ein wenig lockern.

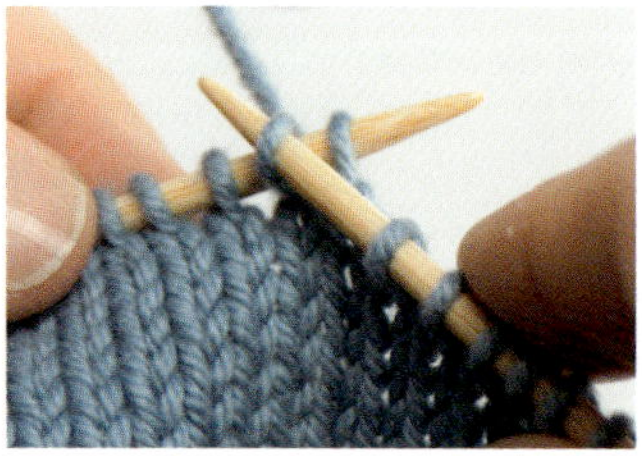

2 Die Masche über die erste Masche ziehen, über die Nadelspitze heben und von der rechten Nadel gleiten lassen.

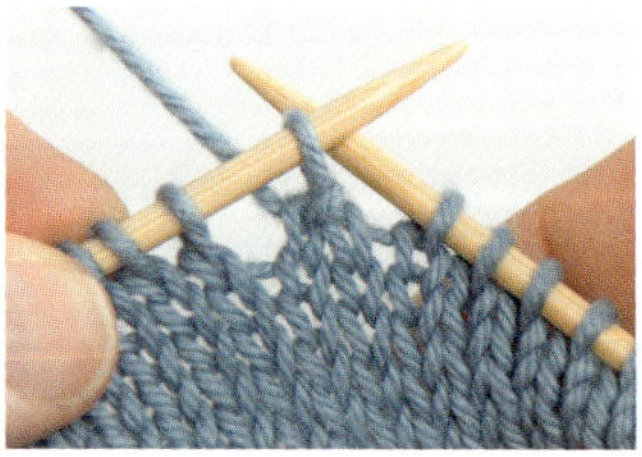

EINEN UMSCHLAG ÜBERZIEHEN

Ebenso wie Maschen lassen sich auch Umschläge über Maschen überziehen. Dabei verringert sich die Maschenzahl nicht.

1 Den einfachen Umschlag an die angegebene Stelle platzieren und die Maschen abstricken, über die der Umschlag gezogen werden soll.

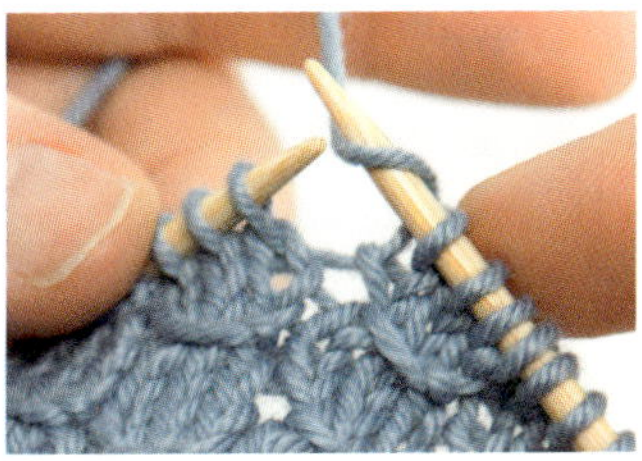

2 Mit der linken Nadel von links nach rechts unter dem vorderen Schenkel des Umschlags einstechen und den Umschlag lockern. Den Umschlag über die Maschengruppe ziehen, über die Nadelspitze heben und von der linken Nadel gleiten lassen.

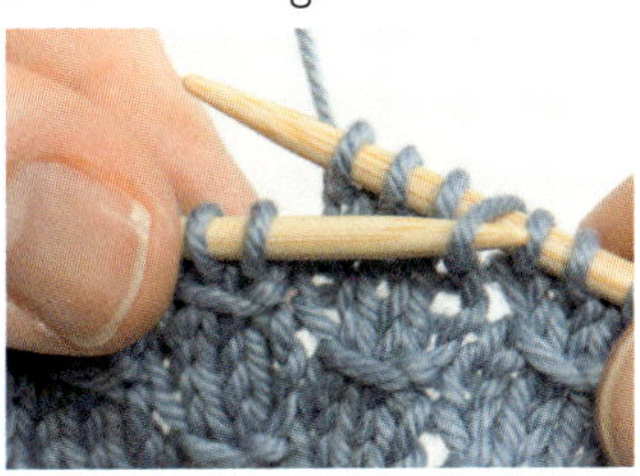

TIEFERGESTOCHENE MASCHEN

Für eine tiefergestochene Masche mit der Arbeitsnadel nicht in die Masche einstechen, die auf der linken Nadel liegt, sondern um die angegebene Reihenzahl nach unten versetzt.

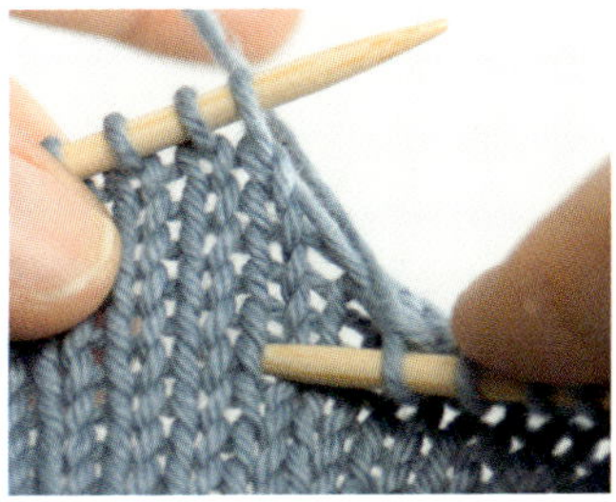

Für eine um 6 Reihen tiefergestochene Masche 6 Maschen unterhalb der Schlinge einstechen und die Masche abstricken.

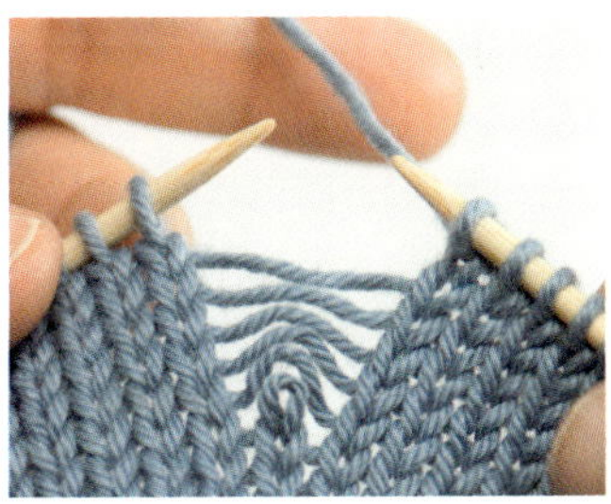

Bei Effektgarnen oder sehr aufwendigen Strukturmustern kann es schwierig sein, die Maschen der Reihen zu zählen. In dem Fall die Masche von der linken Nadel fallen lassen und aufziehen, bis so viele Fäden freiliegen, wie die Reihen, um die die Masche tiefergestochen werden soll. In die Masche einstechen, hinter den Querfäden den Arbeitsfaden fassen und die Masche abstricken.

ABNAHMEN

Abnahmen verringern die Maschenzahl und machen das Gestrickte schmaler. Damit sind sie ein wichtiges Element für die Formgebung eines Strickstücks. Ebenso gerne werden sie zum Musterstricken verwendet.

NACH RECHTS-GENEIGTE EINFACHE ABNAHME

Um eine rechtsgeneigte Abnahmemasche im glatt rechtsgestrickten Maschenbild zu arbeiten, kann man 2 Maschen auf der Vorderseite rechts oder auf der Rückseite links zusammenstricken. Für eine Rechtsneigung einer überzogenen Abnahme muss die Masche von links nach rechts übergezogen werden.

2 MASCHEN RECHTS ZUSAMMENSTRICKEN

Mehrere rechtsgeneigte Abnahmen übereinander ergeben eine saubere Linie.

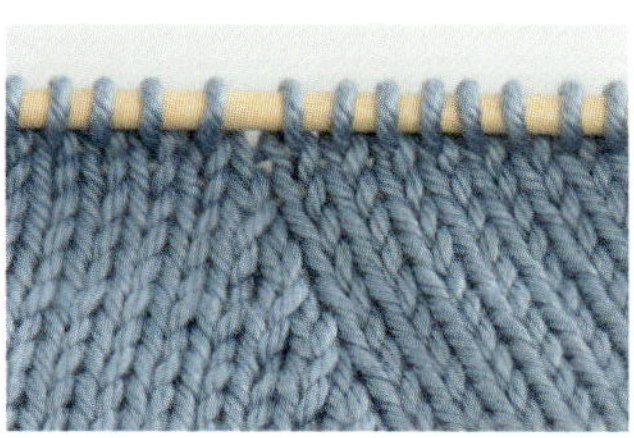

1 Mit der Arbeitsnadel gleichzeitig in beide Maschen von links nach rechts wie zum Rechtsstricken einstechen.

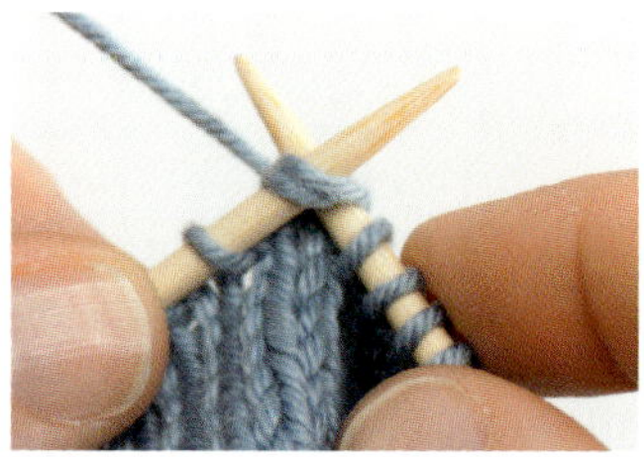

2 Den Faden wie zum Rechtsstricken fassen und gleichzeitig durch beide Maschen ziehen.

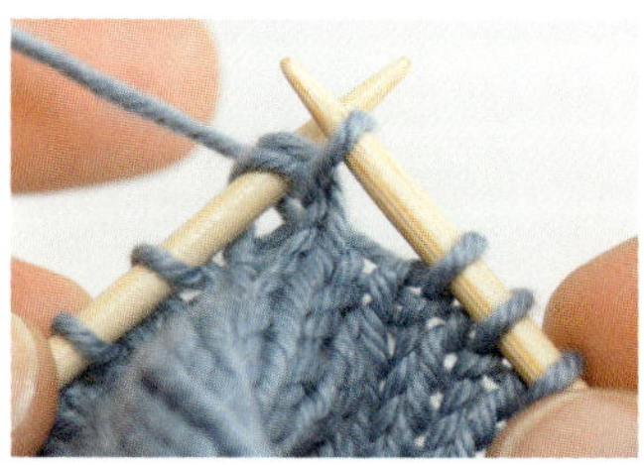

2 MASCHEN LINKS ZUSAMMENSTRICKEN

Diese Abnahmen ergeben auf der Rückseite dasselbe Maschenbild, als hätte man dort 2 Maschen rechts zusammengestrickt. Daher kommen diese Abnahmen auch dort zum Einsatz, wo rechtsgeneigte Abnahmen in Hin- und Rückreihen gearbeitet werden.

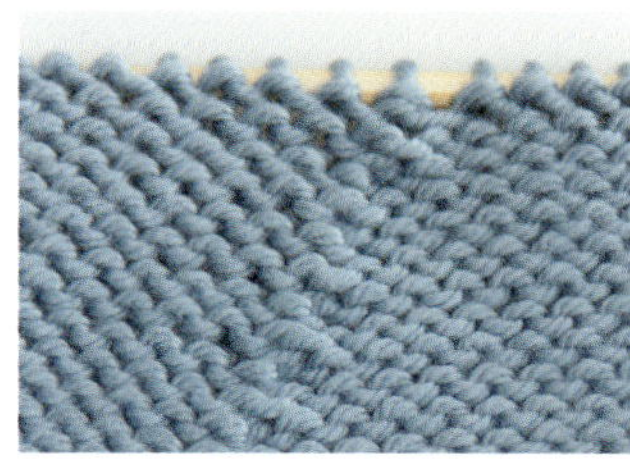

1 Mit der Arbeitsnadel gleichzeitig in beide Maschen von rechts nach links wie zum Linksstricken einstechen.

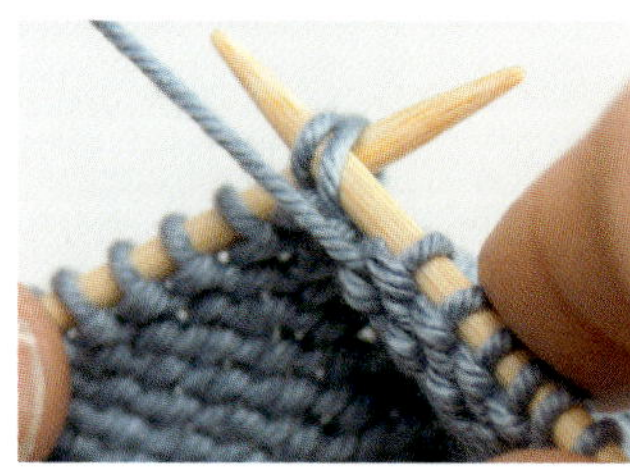

2 Den Faden wie zum Linksstricken fassen und durch beide Maschen durchziehen.

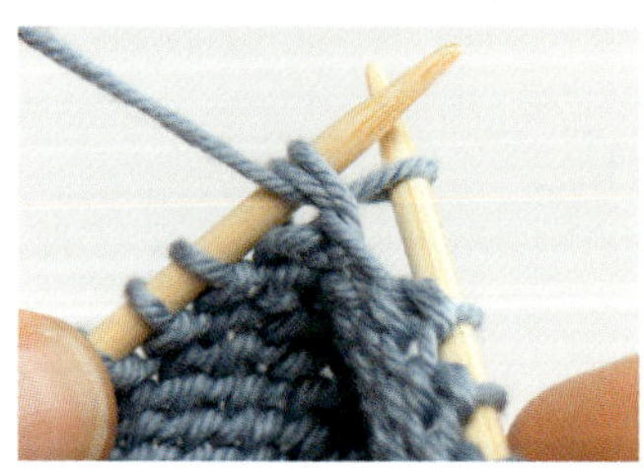

NACH LINKS-GENEIGTE EINFACHE ABNAHME

Um eine nach linksgeneigte Abnahmemasche im glatt rechtsgestrickten Maschenbild zu arbeiten, kann man beide Maschen zunächst nacheinander wie zum Rechtsstricken abheben, bevor man sie zusammenstrickt. Auch durch verschränktes oder überzogenes Abstricken beider Maschen erhält man eine Linksneigung im Maschenbild.

2 MASCHEN MIT LINKSNEIGUNG RECHTS ZUSAMMEN-STRICKEN

In der Abnahme liegt die rechte der beiden zusammengestrickten Maschen über der linken Masche.

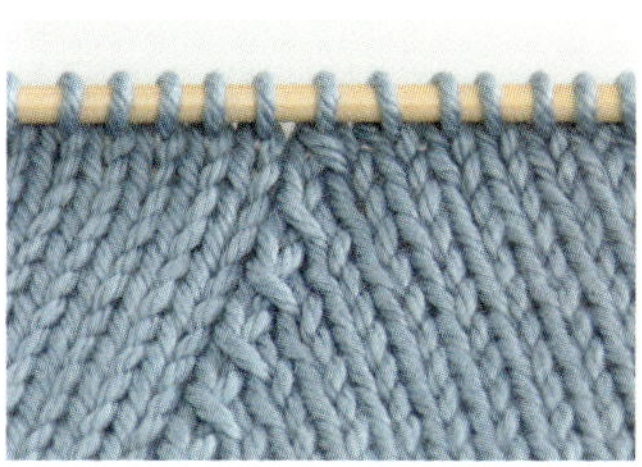

1 Beide Maschen zunächst nacheinander wie zum Rechtsstricken abheben.

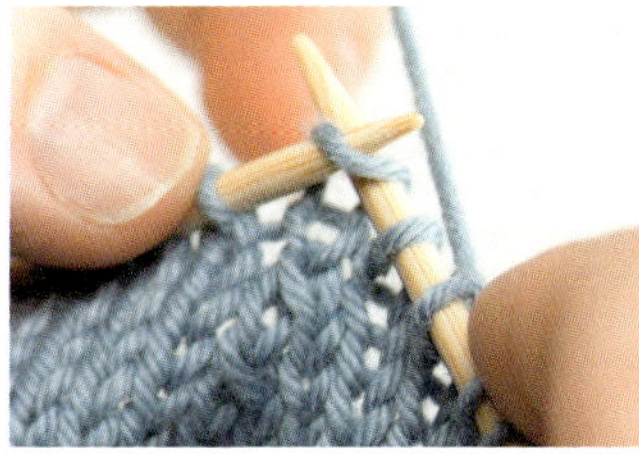

2 Die beiden Maschen in dieser Orientierung wieder zurück auf die linke Nadel heben und rechts verschränkt zusammenstricken.

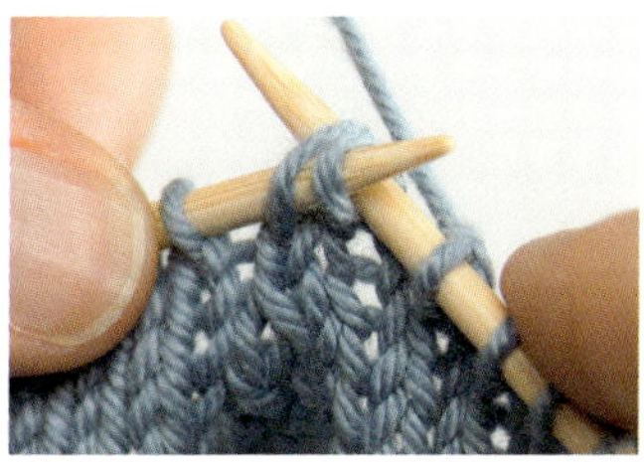

ÜBERZOGENE RECHTSGESTRICKTE ABNAHME

Werden überzogene Abnahmen in Reihen versetzt übereinander gearbeitet, zeigt sich ein treppenförmiger Verlauf der Abnahmen.

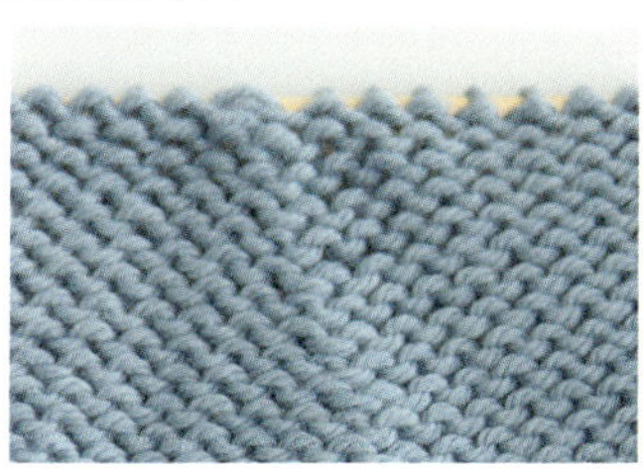

1 Die 1. Masche wie zum Rechtsstricken abheben und die 2. Masche rechts stricken.

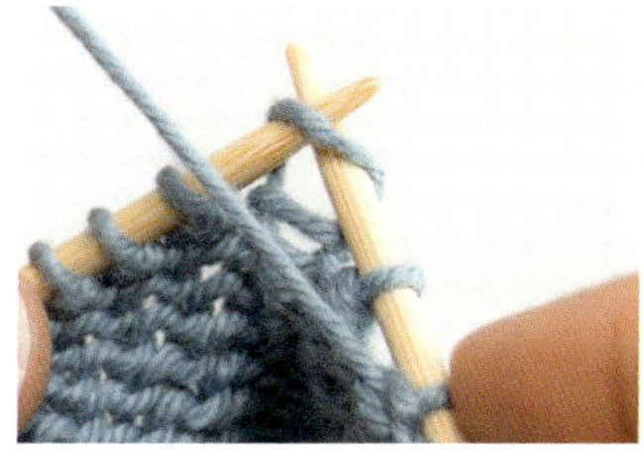

2 Mit der linken Nadel von links nach rechts unter dem vorderen Maschenschenkel der abgehobenen Masche einstechen, die Masche lockern, über die letzte Masche ziehen, über die Nadelspitze heben und von der linken Nadel gleiten lassen.

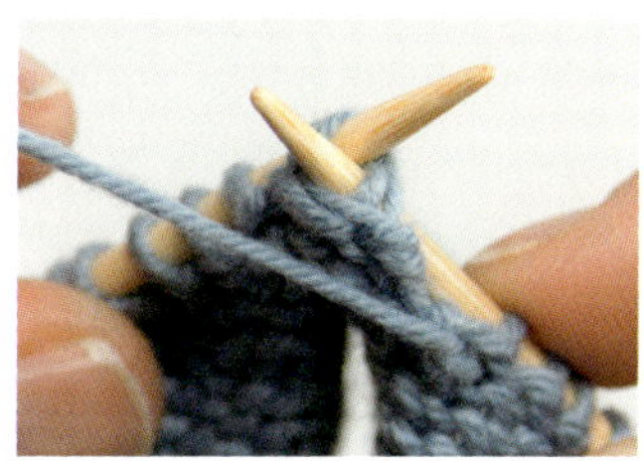

NACH RECHTS-GENEIGTE DOPPELTE ABNAHME

Bei einer doppelten Abnahme nimmt die resultierende Abnahmemasche den Platz von 3 unteren Maschen ein, die Maschenzahl verringert sich also in einem Arbeitsschritt gleich um 2 Maschen. Die Abnahmemasche weist im glatt rechts Gestrickten eine Neigung nach rechts auf.

3 MASCHEN RECHTS ZUSAMMENSTRICKEN

Diese Art der doppelten Abnahme fällt im Gestrick kaum auf. Sie verfügt über eiene leicht strahlenförmige Optik.

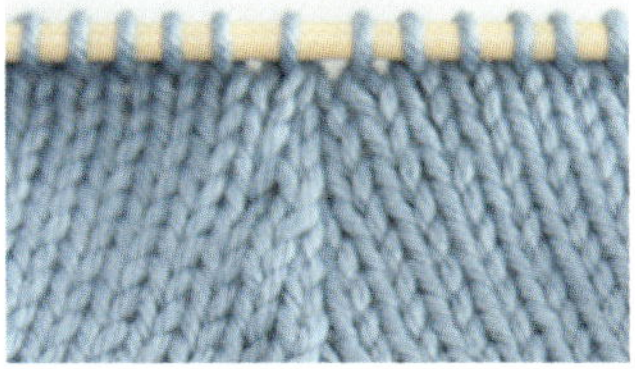

1 Mit der Arbeitsnadel von links nach rechts gleichzeitig zum Rechtsstricken in alle 3 Maschen einstechen.

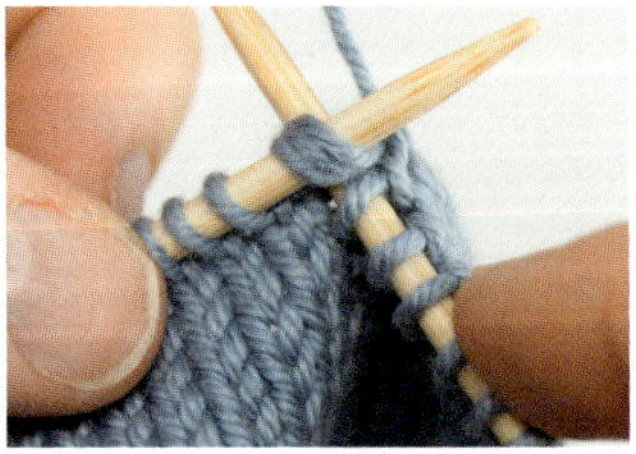

2 Den Faden zum Rechtsstricken fassen und durch alle 3 Maschen ziehen.

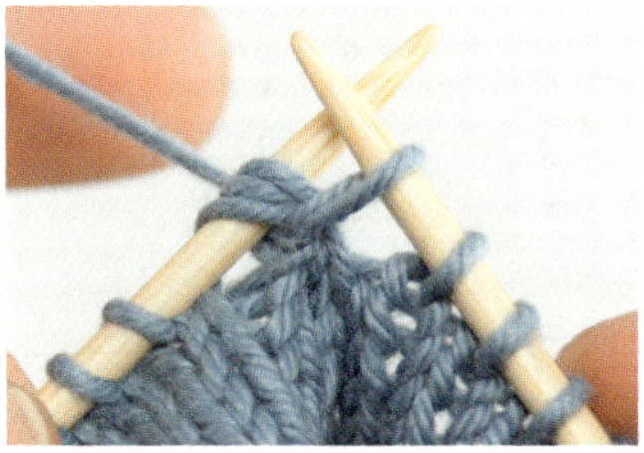

3 MASCHEN LINKS ZUSAMMENSTRICKEN

Eine linksgestrickte doppelte Abnahme fällt im Maschenbild nur wenig auf. Beim Musterstricken findet diese Abnahme häufig Verwendung, wenn eine linksgrundige, möglichst unauffällige doppelte Abnahme erforderlich ist. Sie wird immer dann gearbeitet, wenn rechtsgeneigte doppelte Abnahmen in Hin- und Rückreihen benötigt werden.

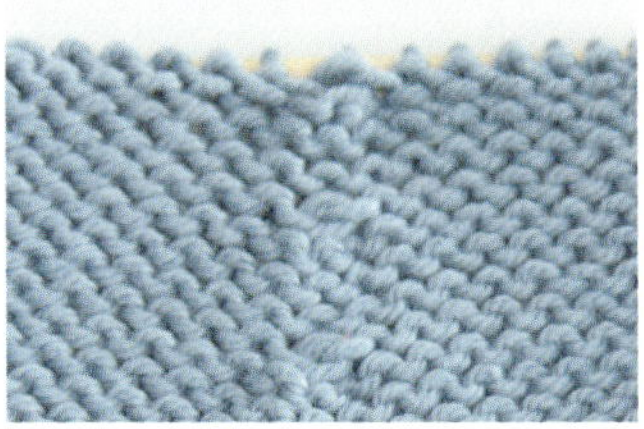

1 Mit der Arbeitsnadel von rechts nach links gleichzeitig zum Linksstricken in alle 3 Maschen einstechen.

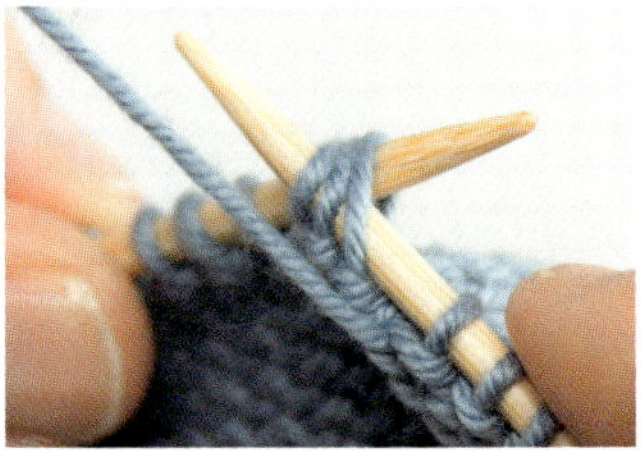

2 Den Faden zum Linksstricken fassen und durch alle 3 Maschen ziehen.

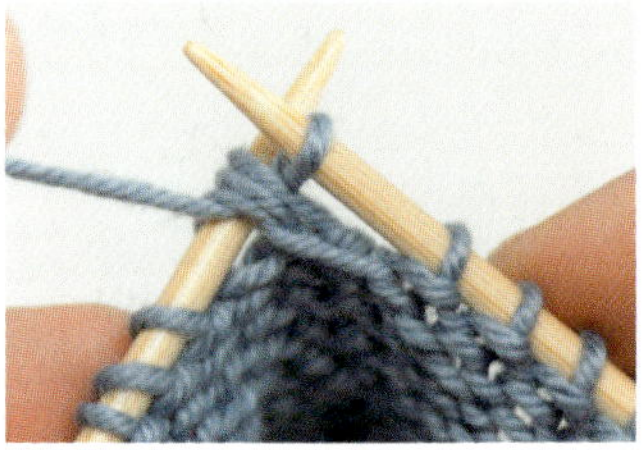

NACH LINKS-GENEIGTE DOPPELTE ABNAHMEN

Die doppelte Abnahme verringert die Maschenzahl gleich um 2 Maschen. Die sich daraus ergebende Abnahmemasche nimmt den Platz von 3 unteren Maschen ein. Diese Abnahmemasche weist im glatt rechts Gestrickten eine Neigung nach links auf. Die rechte der 3 Maschen liegt obenauf, sodass sich die Abnahmemasche im Maschenbild nach links neigt.

RECHTSGESTRICKTE ABGEHOBENE DOPPELTE ABNAHME

Die doppelten Abnahmen bilden in Reihen übereinander ein reizvolles Muster.

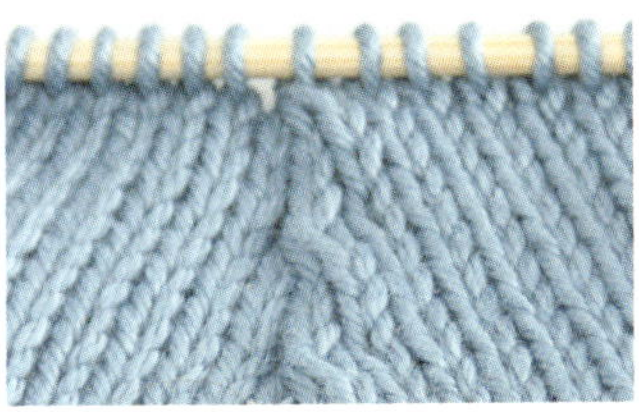

1 Die 3 Maschen nacheinander wie zum Rechtsstricken ungestrickt auf die rechte Nadel heben.

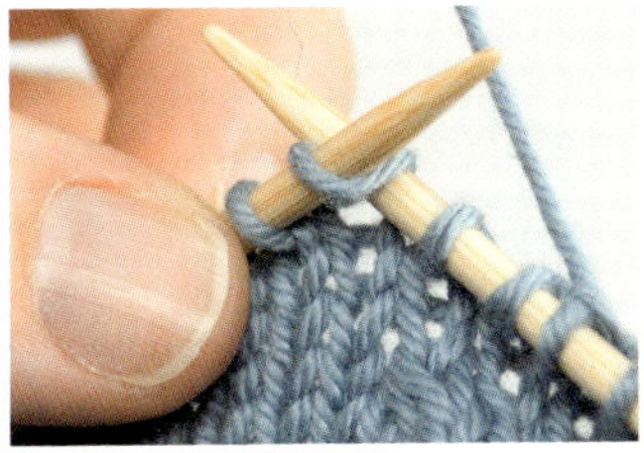

2 Mit der linken Nadel von links nach rechts wieder in alle 3 Maschen einstechen und die Maschen rechts verschränkt zusammenstricken.

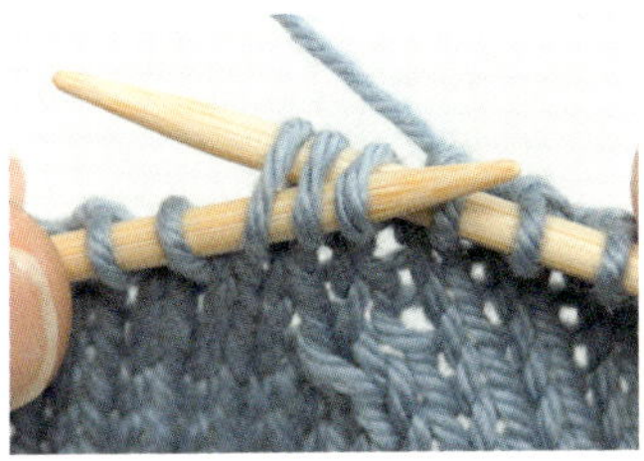

LINKSGESTRICKTE ABGEHOBENE DOPPELTE ABNAHME

Die linksgrundig gestrickte doppelte Abnahme fällt im Maschenbild wenig auf. Das macht man sich zunutze, wenn Abnahmestellen möglichst unauffällig gearbeitet werden sollen. Sie wird immer da verwendet, wo rechtsgeneigte doppelte Abnahmen in Hin- und Rückreihen benötigt werden.

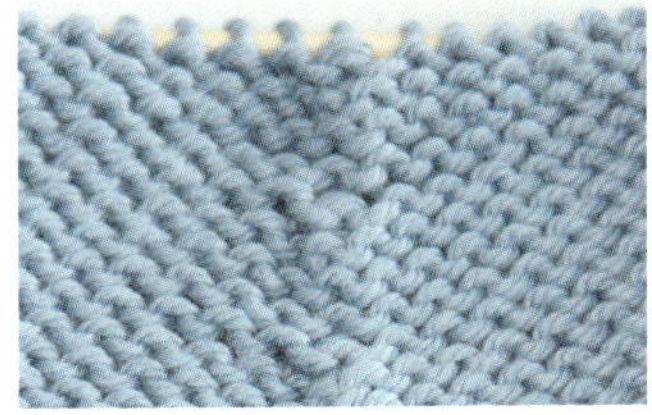

1 Die 3 Maschen nacheinander wie zum Rechtsstricken auf die rechte Nadel heben.

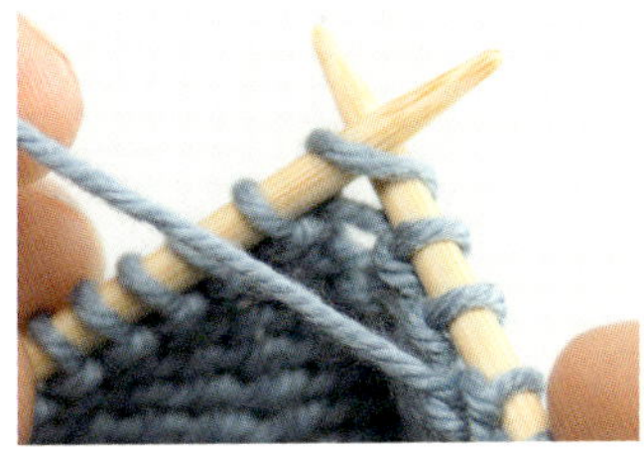

2 Mit der linken Nadel von links nach rechts wieder in alle 3 Maschen einstechen und die Maschen zurück auf die linke Nadel heben. Die Maschen links verschränkt zusammenstricken.

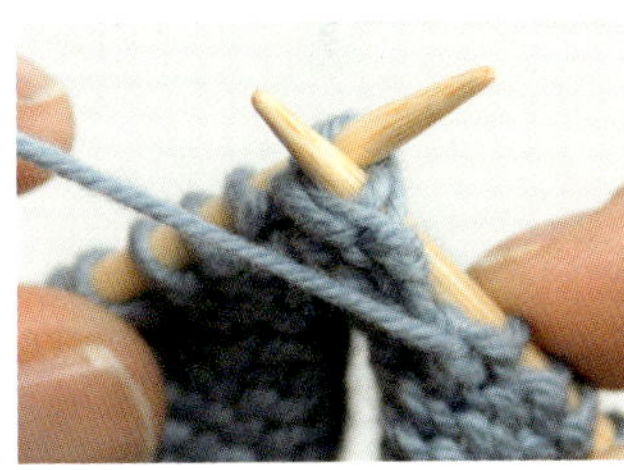

SYMMETRISCHE DOPPELTE ABNAHMEN

Bei diesen doppelten Abnahmen verringert sich die Maschenzahl um 2. Die mittlere der 3 Maschen liegt in der Abnahmemasche obenauf, sodass diese ohne Neigung im Maschenbild erscheint.

RECHTSGESTRICKTE SYMMETRISCHE DOPPELTE ABNAHME

Im Maschenbild lässt sich gut erkennen, dass die beiden seitlichen Maschen unter der mittleren Masche zusammenlaufen.

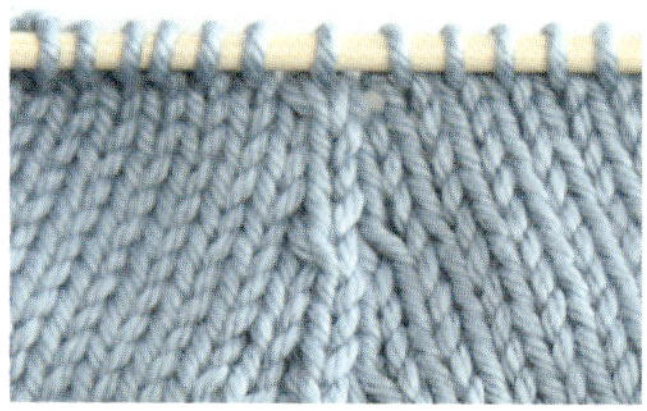

1 2 Maschen gleichzeitig wie zum Rechtsstricken abheben.

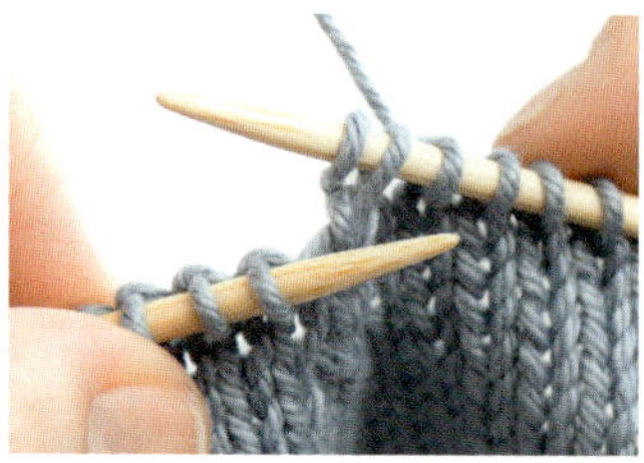

2 1 Masche rechts stricken.

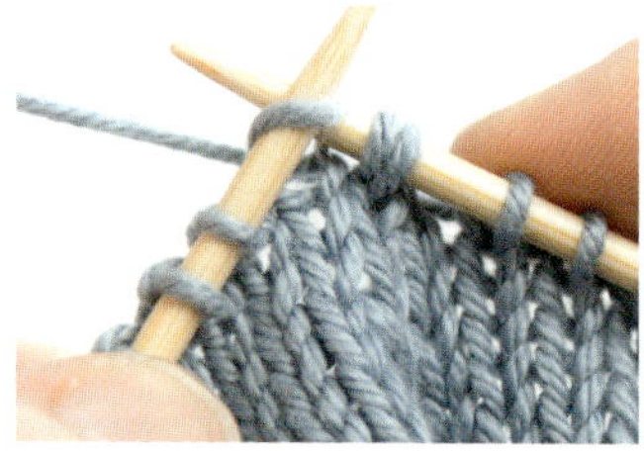

3 Mit der linken Nadel von links nach rechts unter den vorderen Maschenschenkeln der beiden zuvor abgehobenen Maschen einstechen, die beiden Maschen über die gestrickte Masche und die Nadelspitze ziehen und von der linken Nadel gleiten lassen.

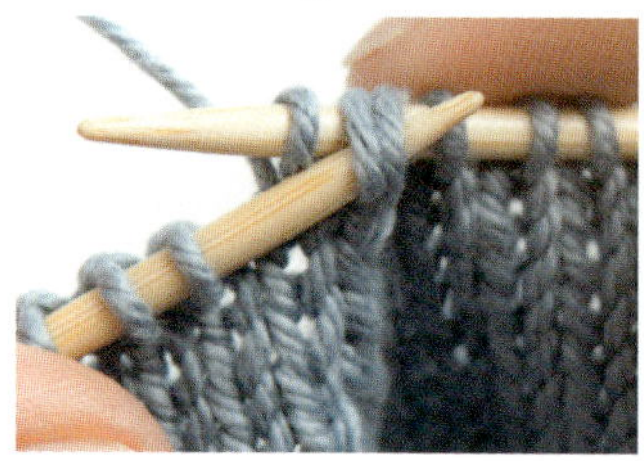

SYMMETRISCHE DOPPELTE ABNAHME MIT VERKREUZTEN MASCHEN

Eine besonders markante Abnahmemasche, die gerne am Mittelsteg bei V-Ausschnittblenden gearbeitet wird, erhält man, indem man die beiden seitlichen Maschen noch einmal miteinander verkreuzt.

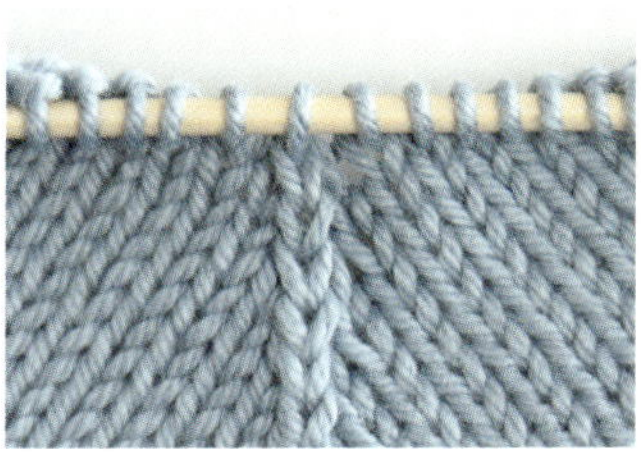

1 2 Maschen gleichzeitig wie zum Rechtsstricken abheben.

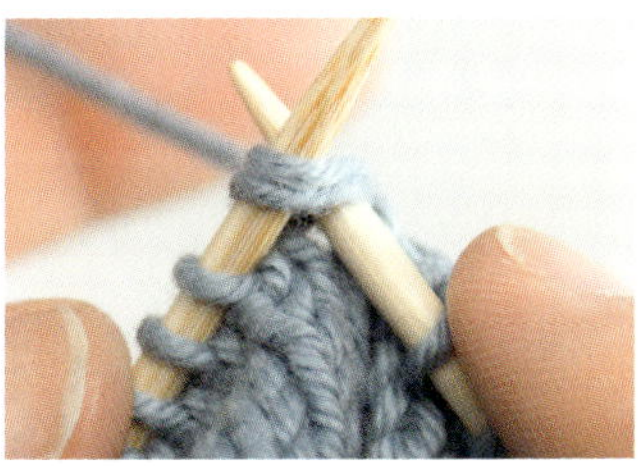

2 Mit der linken Nadel von links nach rechts unter dem vorderen Maschenschenkel der linken der beiden abgehobenen Maschen einstechen und von der rechten Nadel heben.

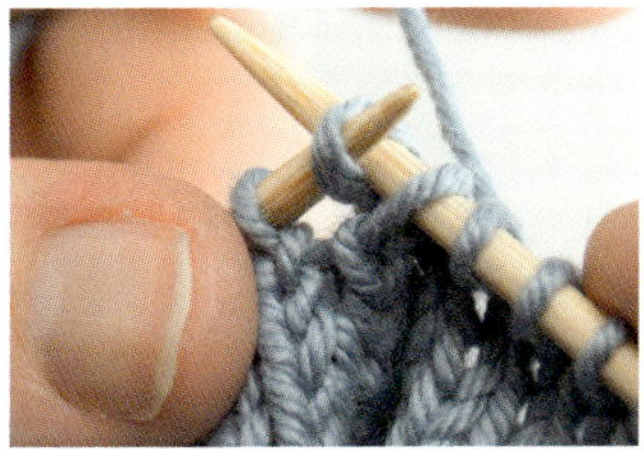

3 2 Maschen rechts zusammenstricken. Dann mit der linken Nadel von links nach rechts unter dem vorderen Maschenschenkel der vorletzten Masche einstechen, über die letzte Masche und die Nadelspitze ziehen und von der Nadel gleiten lassen.

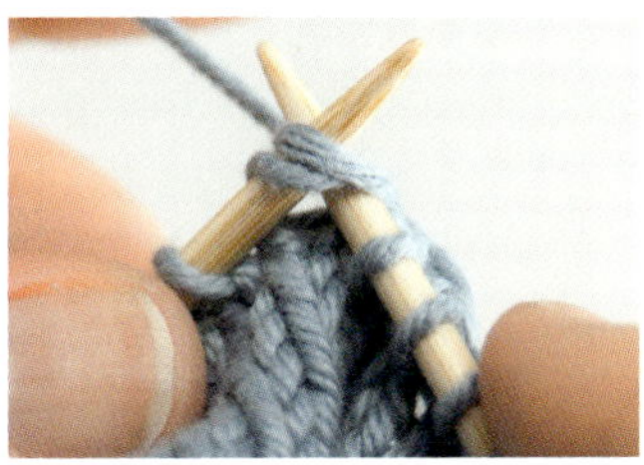

ABNAHMEN AM STRICKRAND

Abnahmen am Strickrand dienen hauptsächlich der Formgebung an Kleidungsstücken, wie z. B. Armausschnitten oder Taillierungen. Dabei können Sie nahezu unsichtbar gearbeitet werden oder ein dekoratives Gestaltungselement sein.

EINFACHE RANDABNAHME MIT RANDMASCHE

Sollen Maschen an einem der beiden Strickränder abgenommen werden, hat man die Möglichkeit, die Abnahmen in die Randmasche einzuarbeiten, sodass die Abnahmestellen später in die Naht eingenäht werden können und im fertig ausgearbeiteten Kleidungsstück unsichtbar bleiben.

Eine rechtsgestrickte Abnahme am rechten Rand wird als überzogene Abnahme gearbeitet. Die Randmasche liegt obenauf und weist eine Neigung nach links in die Richtung auf, in die der Strickrand vermindert wurde. Nach dem Einnähen in eine Naht ist die Abnahmestelle nicht mehr sichtbar.

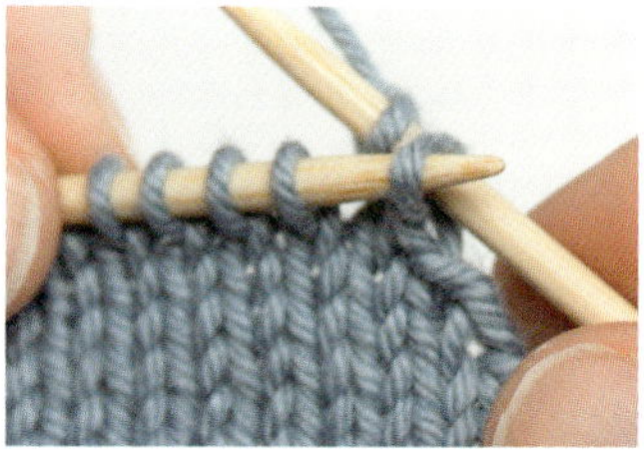

Für eine rechtsgestrickte Abnahme am linken Rand können letzte Masche und Randmasche einfach rechts zusammengestrickt werden. Neigung von Abnahmemasche und Strickrand weisen in die gleiche Richtung, diese Abnahmestellen lassen sich später ohne Probleme in eine Naht einnähen.

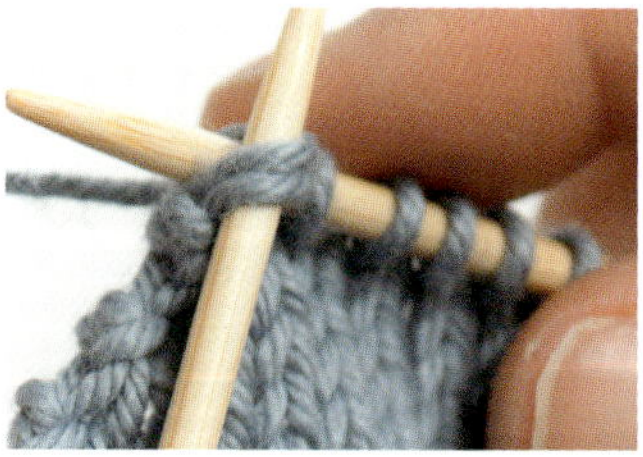

Für eine linksgestrickte Abnahme am rechten Strickrand werden Randmasche und 1. Masche einfach links zusammengestrickt.

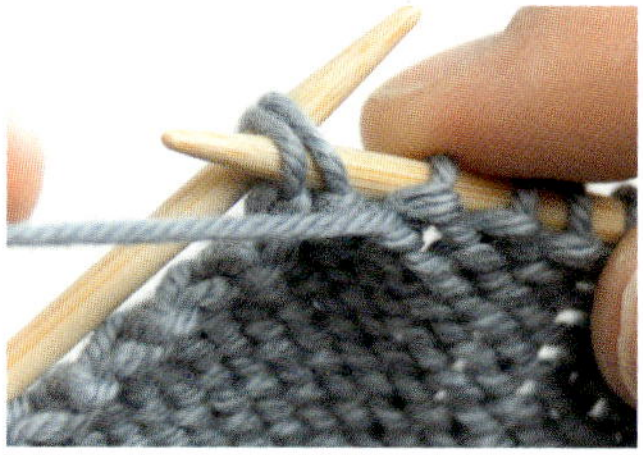

Die linksgestrickte Abnahme am linken Strickrand wird am schönsten, wenn man Randmasche und 1. Masche links verschränkt zusammenstrickt.

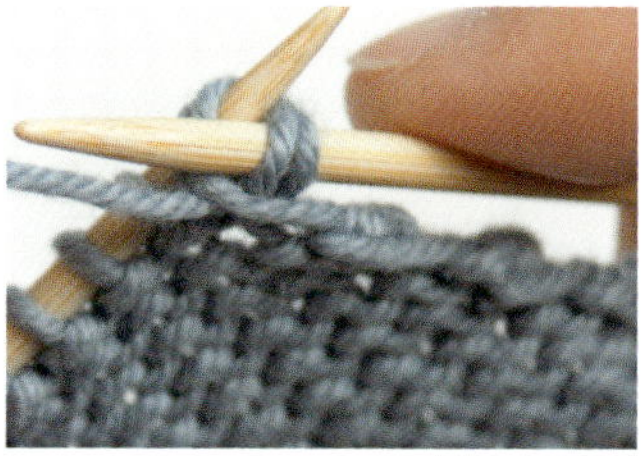

STUFENLOSE MEHRFACHE ABNAHMEN AM RAND

Möchte man die Abnahmen am Strickrand weiterhin abketten und spätere Einzelabnahmen überziehen, kann man den Treppeneffekt mindern, indem man die Übergangsstelle zur Abnahme an das Ende der Vorreihe verlegt.

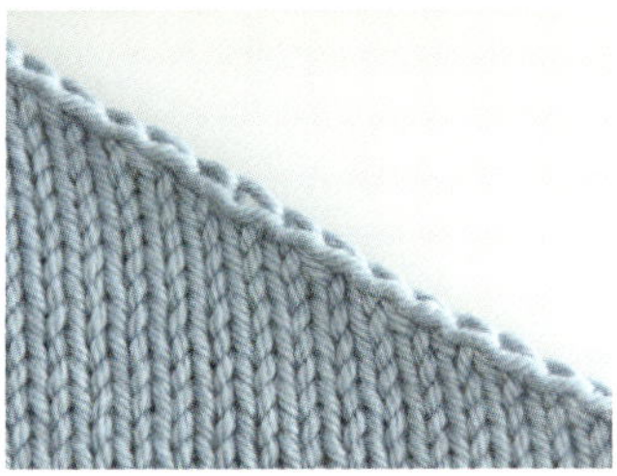

1 Dazu in der Rückreihe vor der geplanten Abnahme bis zur letzten Masche stricken und wenden. Diese Masche befindet sich nach dem Wenden auf der rechten Nadel, ohne in der Vorreihe abgestrickt worden zu sein. Ihr fehlen also bereits 2 Reihen zum Anschluss an die Abnahmestelle. Die folgende Masche der linken Nadel ebenfalls ungestrickt abheben. Da diese in der unteren Reihe abgestrickt wurde, fehlt ihr zum Anschluss nur 1 Reihe.

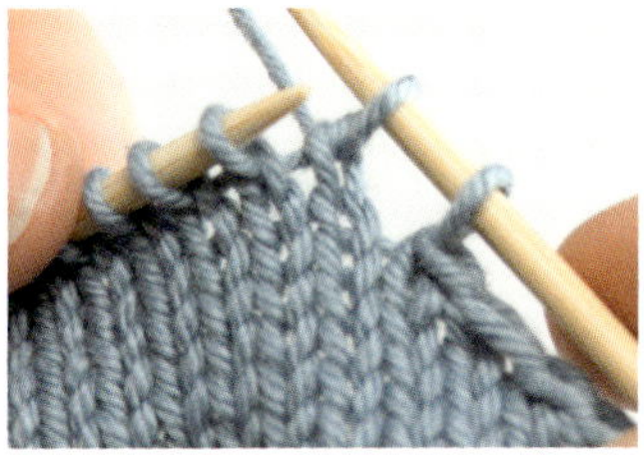

2 Die rechte Masche der rechten Nadel über die linke Masche ziehen, über die Nadelspitze heben und von der linken Nadel gleiten lassen.

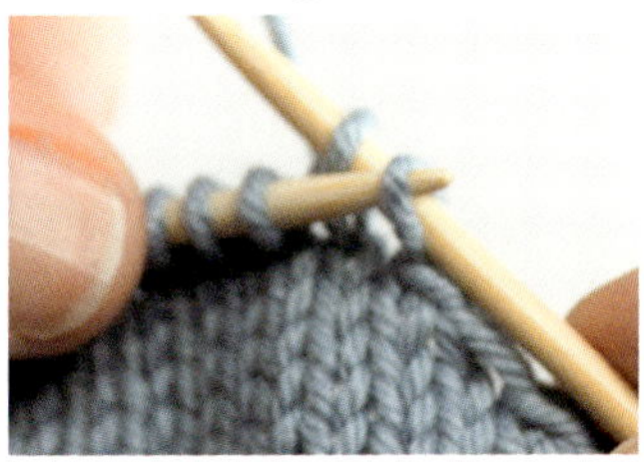

3 Eine Masche rechts stricken und die rechte Masche der rechten Nadel über die linke Masche ziehen.
Weitere Maschen können nun einfach durch Überziehen der abgestrickten Maschen abgekettet werden.

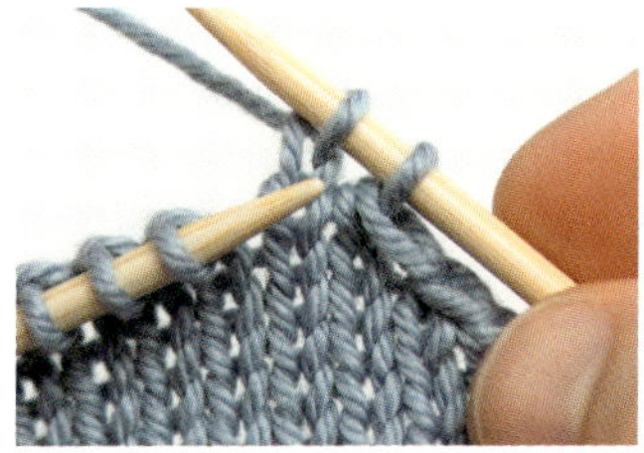

ZUNAHMEN

Durch eine Zunahme erhöht sich die Zahl an Maschen auf der Nadel. Zunahmen sind damit wie die Abnahmen ein wichtiges Element für die Formgebung eines Strickstücks. Auch als Musterelement kommen sie häufig zum Einsatz.

ZUNAHMEN AUS DEM QUERFADEN

Eine Zunahme aus dem Querfaden wird überwiegend zur Formgebung verwendet. Da der Querfaden schon eine gute Spannung aufweist, geraten diese Abnahmen recht fest und fügen sich gut in das Maschenbild ein.

Die neue Maschensäule entsteht zwischen 2 bestehenden Maschen. Da mit dem Querfaden nur ein kurzes Fadenstück zur Verfügung steht, wird in der Regel nur 1 neue Masche aus dem Querfaden herausgestrickt.

EINFACHE ZUNAHME AUS DEM QUERFADEN

Wird der aufgenommene Querfaden einfach abgestrickt, entsteht ein kleines Loch im Maschenbild, und die Zunahme erscheint ohne Neigung.

Für eine einfache Zunahme aus dem Querfaden mit der linken Nadel von vorne nach hinten unter dem Querfaden einstechen, der sich zwischen der letzten gestrickten Masche und der folgenden noch zu strickenden Masche befindet. Den Querfaden auf die Nadel heben. Er liegt in gleicher Orientierung auf der Nadel wie die übrigen Maschen.

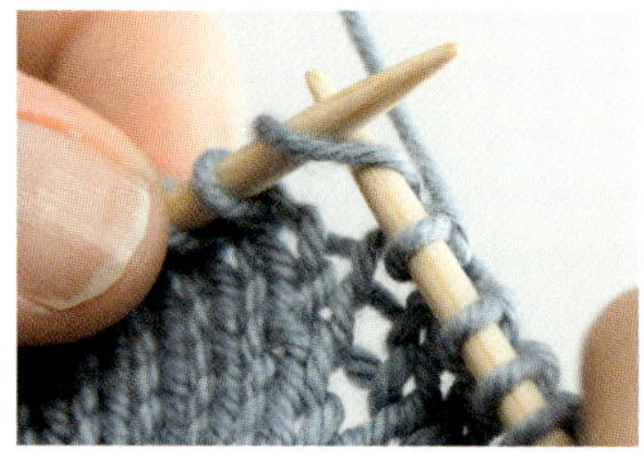

Für eine rechtsgestrickte Zunahme kann der aufgenommene Faden nun rechtsgestrickt werden.

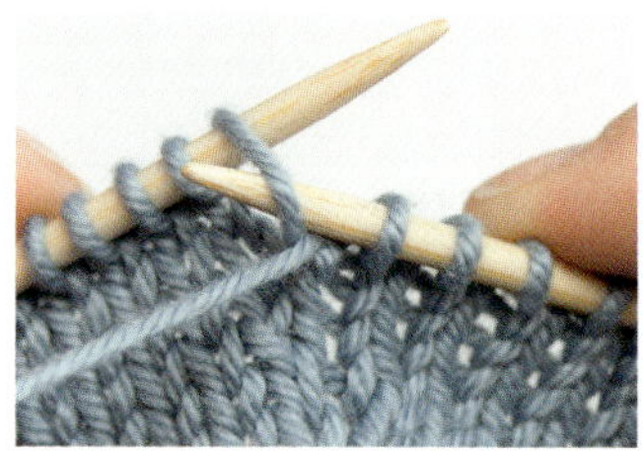

Für eine linksgestrickte Zunahme den Querfaden links abstricken.

VERSCHRÄNKTE ZUNAHME AUS DEM QUERFADEN

Verschränkte Zunahmen aus dem aufgenommenen Querfaden weisen im Maschenbild eine Neigung nach rechts oder links auf, je nachdem, ob man den Querfaden in üblicher oder in inverser Orientierung auf die Nadel hebt.

NACH RECHTS-GENEIGTE RECHTS VERSCHRÄNKTE ZUNAHME

1 Mit der linken Nadel von hinten nach vorn unter dem Querfaden durchstechen und den Querfaden in inverser Orientierung auf die Nadel heben.

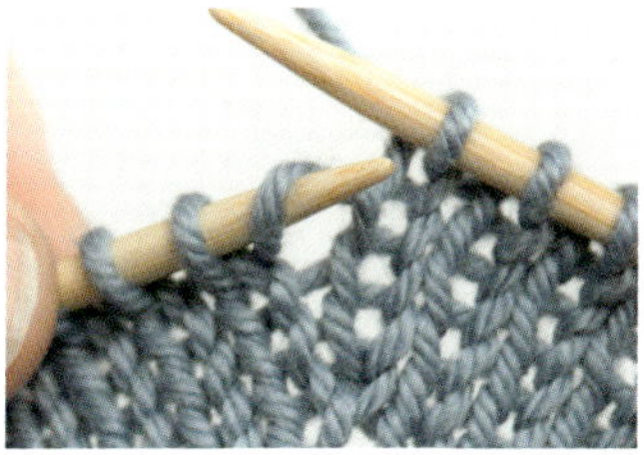

2 Mit der rechten Nadel von links nach rechts unter dem vorderen Maschenschenkel einstechen, den Faden fassen, durchziehen und die Schlinge von der linken Nadel heben.

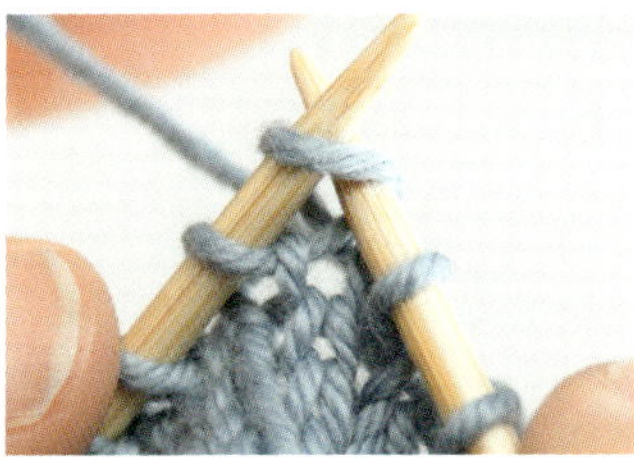

NACH LINKSGENEIGTE RECHTS VERSCHRÄNKTE ZUNAHME

1 Mit der linken Nadel den Querfaden von vorn nach hinten aufnehmen.

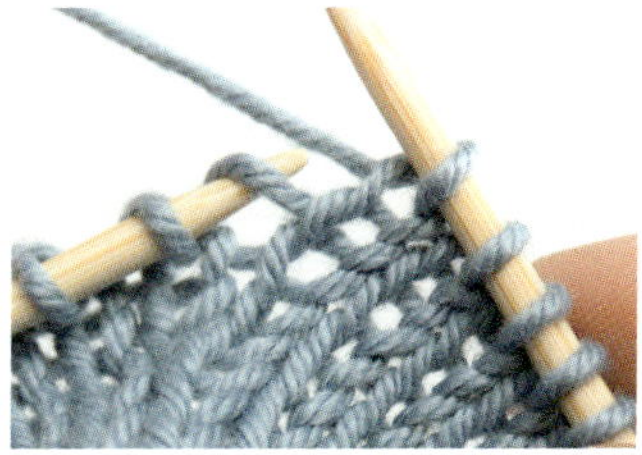

2 Zum verschränkten Abstricken mit der rechten Nadel von rechts nach links unter dem hinteren Maschenschenkel einstechen, den Faden fassen, durchziehen und die Schlinge von der linken Nadel heben.

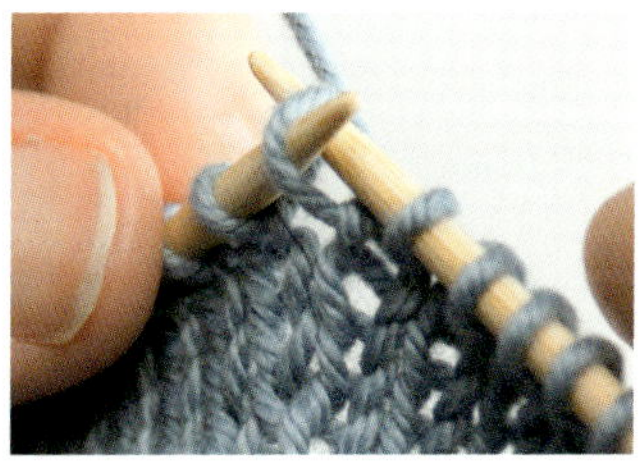

ZUNAHMEN MIT UMSCHLAG

Wird eine Zunahme mithilfe eines Umschlags gearbeitet, erhöht sich die Maschenzahl um so viele Maschen, wie in der Folgereihe aus dem Umschlag herausgestrickt werden. Die neue Maschensäule entsteht dabei zwischen 2 Maschen.

Je nachdem, ob der Umschlag in der Folgereihe einfach oder verschränkt abgestrickt wird, erscheint im Maschenbild später ein Loch, aus dem eine neue Maschensäule entsteht, oder eine weniger auffällige, verschränkte Fadenschlinge. Da die verschränkten Schlingen bei Zunahmen aus einem Umschlag größer ausfallen als die bei Zunahmen aus dem Querfaden, erscheinen Rechts- und Linksneigung der Zunahme im Maschenbild deutlicher.

Zunahmen mithilfe von Umschlägen können auch problemlos in direkt aufeinanderfolgenden Reihen oder Runden gearbeitet werden.

EINFACHE ZUNAHME MIT UMSCHLAG

Mit einer einfachen Zunahme aus einem Umschlag entsteht die neue Maschensäule aus einem Loch. Die Zunahmestelle weist keine Neigung auf. An der Zunahmestelle einen einfachen Umschlag in gleicher Orientierung wie die übrigen Maschen arbeiten.

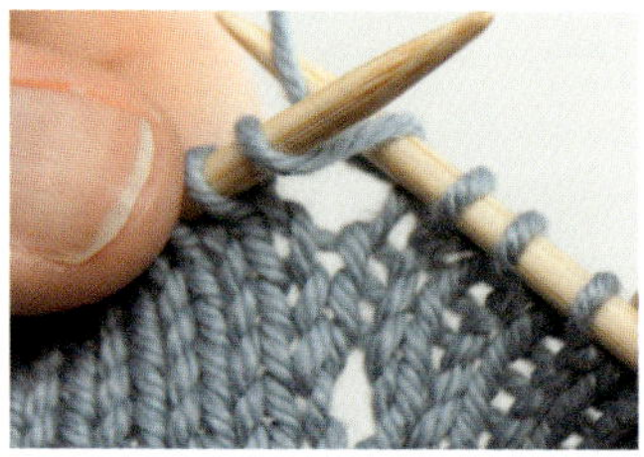

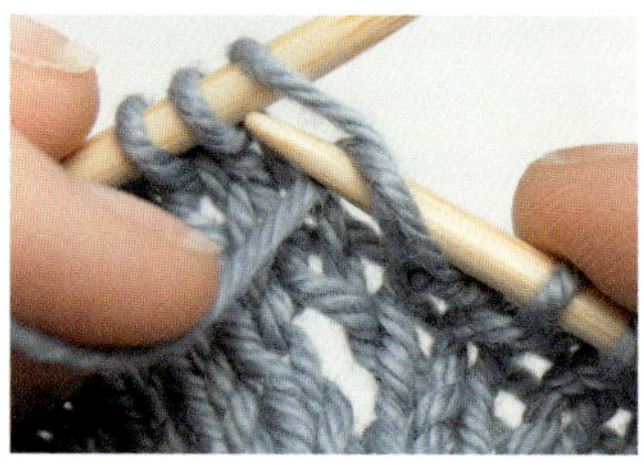

Je nachdem, wie die Zunahme auf der Vorderseite der Arbeit erscheinen soll, den Umschlag in der folgenden Reihe oder Runde rechts oder links abstricken.

Durch einfache Zunahmen, die symmetrisch rechts und links einer mittleren Masche oder Maschengruppe übereinander gearbeitet werden, erhält man eine durch zwei Lochreihen betonte Zunahmelinie.

VERSCHRÄNKTE ZUNAHME MIT UMSCHLAG

Wohin sich eine Zunahme beim verschränkten Abstricken des Umschlags aus der Vorreihe neigt, hängt davon ab, in welcher Orientierung der Umschlag auf der linken Nadel liegt.

Linke Zunahmen in glatt links Gestricktem fallen kaum auf. Durch das linke Abstricken der Umschläge in der Rückreihe erscheinen die Zunahmen auf der Vorderseite der Arbeit aber als rechts- oder linksgeneigte rechte Zunahmen.

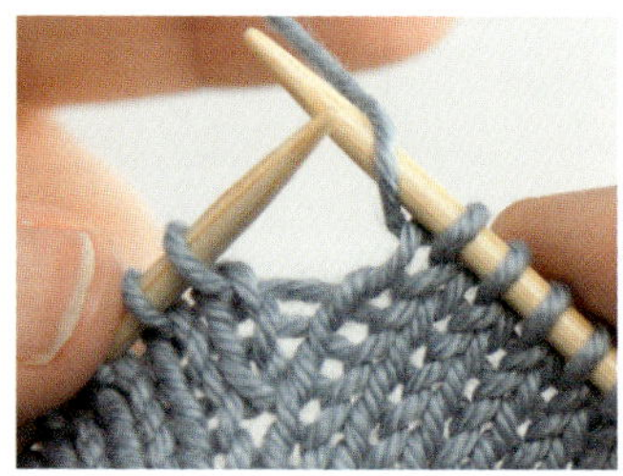

Für eine verschränkt gestrickte Zunahme mit Linksneigung aus einem Umschlag den Faden an der Zunahmestelle von vorne nach hinten über die rechte Nadel legen. So weist der Umschlag die gleiche Orientierung auf wie die übrigen Maschen.

Für eine rechts verschränkte Zunahme mit Linksneigung auf der Vorderseite wird der Umschlag aus einer Hinreihe in der folgenden Rückreihe links verschränkt abgestrickt.

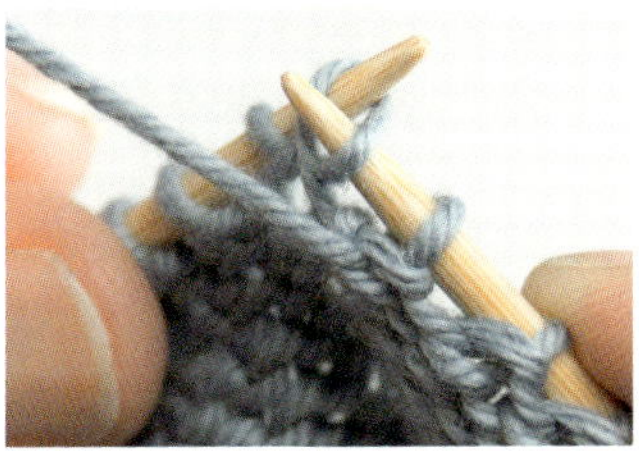

Wurde der Umschlag in einer Rückreihe oder in einer Runde gearbeitet, wird er in der folgenden Hinreihe oder in der folgenden Runde rechts verschränkt abgestrickt.

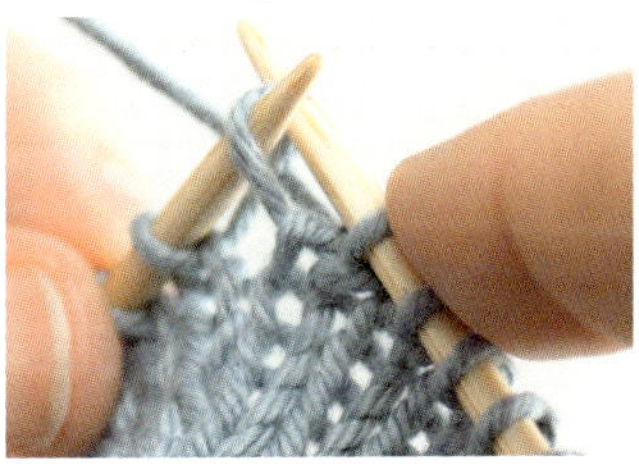

Eine Rechtsneigung der verschränkten Zunahme aus einem Umschlag erhält man, wenn man den Umschlag in der Vorreihe invers auf die rechte Nadel legt.

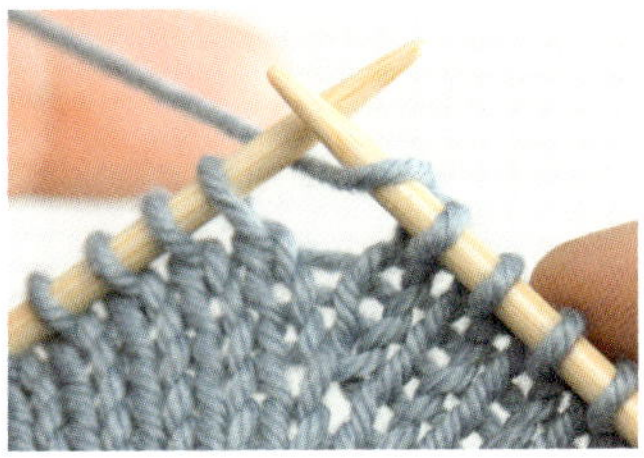

In Rückreihen für eine rechte verschränkte Zunahme mit Rechtsneigung auf der Vorderseite mit der rechten Nadel von rechts nach links unter dem vorderen Maschenschenkel einstechen, den Faden fassen und durchziehen und die Schlinge von der linken Nadel heben.

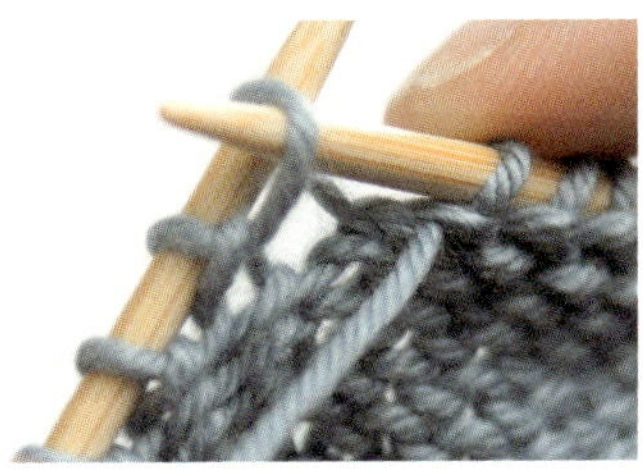

Wurde der Umschlag in einer Rückreihe oder in einer Runde gearbeitet, mit der rechten Nadel von links nach rechts unter dem vorderen Maschenschenkel einstechen, den Faden fassen und durchziehen und die Schlinge von der linken Nadel heben.

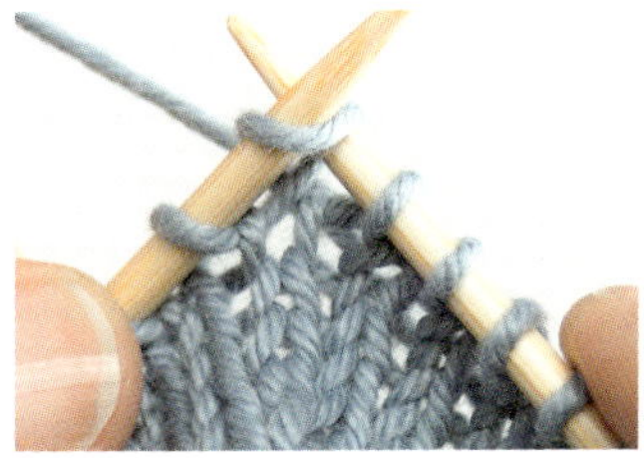

DOPPELMASCHEN

Manchmal müssen zur Formgebung verkürzte Reihen gearbeitet werden. Dabei wird eine Reihe nicht bis zum Ende gestrickt, sondern die Arbeit wird an einer vorgegebenen Stelle gewendet und es wird in entgegengesetzter Richtung weitergestrickt. Im Maschenbild fallen Wendestellen, die als Doppelmaschen gearbeitet wurden, kaum auf, selbst wenn die Stellen stark gedehnt werden. Das Abstricken der Doppelmaschen verlangt etwas Übung, bis sich keine Löcher mehr an den Übergangsstellen zeigen.

DIE WENDE-MASCHE ALS DOPPELMASCHE VORBEREITEN

Doppelmaschen lassen sich sehr schnell arbeiten und eignen sich für stark strapazierte Strickstücke.

RECHTSGESTRICKTE REIHEN VERKÜRZEN

1 Die Wendemasche rechts stricken und die Arbeit wenden. Den Faden vor die Arbeit legen.

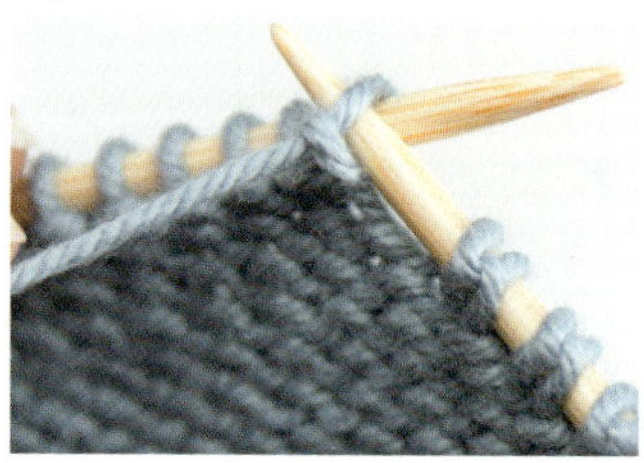

2 Die Wendemasche wie zum Linksstricken abheben. Den Faden über die rechte Nadel hinweg so fest nach hinten ziehen, dass sich die beiden Maschenschenkel über die rechte Nadel legen. Wird der Faden dabei nicht fest genug angezogen, entstehen später Löcher an den Übergangsstellen.

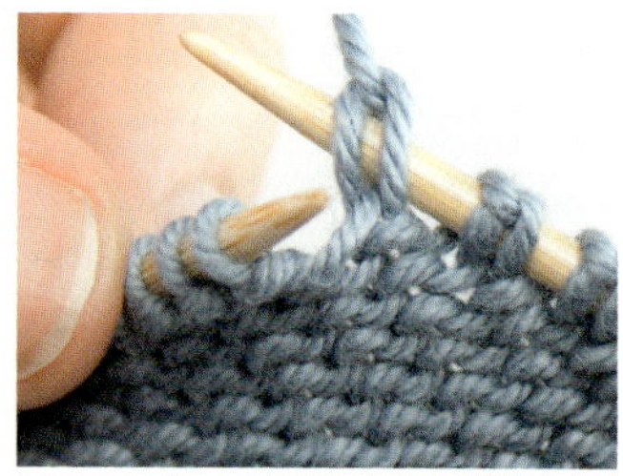

3 Den Faden zwischen den beiden Nadeln wieder nach vorne holen und die so verkürzte Reihe in entgegen gesetzter Richtung weiterarbeiten.

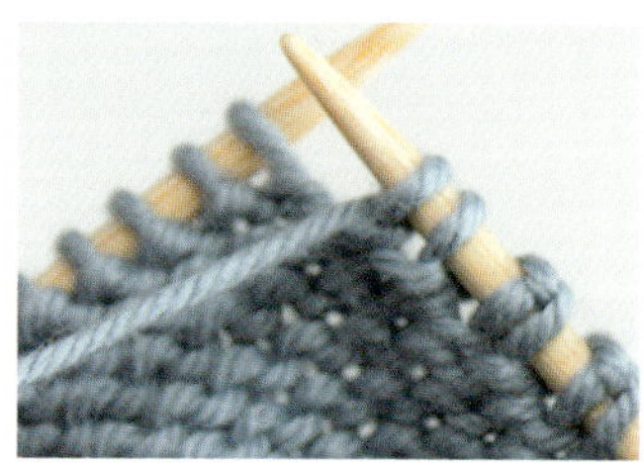

LINKSGESTRICKTE REIHEN VERKÜRZEN

1 Die Wendemasche links stricken und die Arbeit wenden. Den Faden vor die Arbeit nehmen.

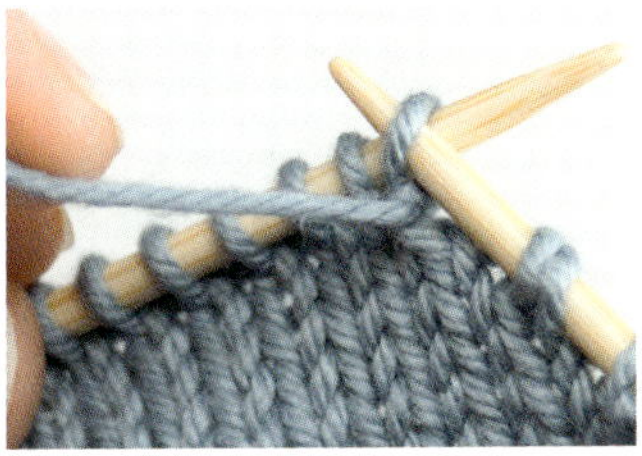

2 Die Wendemasche wie zum Linksstricken abheben. Den Faden über die rechte Nadel hinweg so fest nach hinten ziehen, bis sich die beiden Maschenschenkel der Masche aus der Vorreihe über die rechte Nadel legen. Den Faden fest anziehen, um spätere Löcher an den Übergangsstellen zu vermeiden.

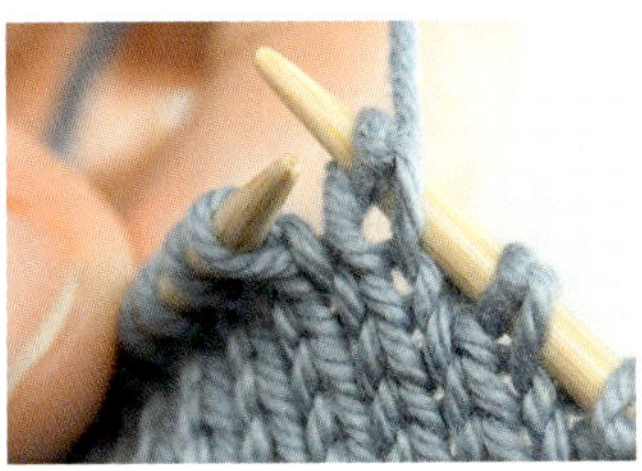

EINE DOPPELMASCHE ABSTRICKEN

Beim Verlängern einer Kurzreihe über eine Wendestelle hinaus soll sich die Wendemasche beim Übergang zu den Maschen, über die weniger Reihen gearbeitet wurden, möglichst unauffällig ins Maschenbild einfügen.

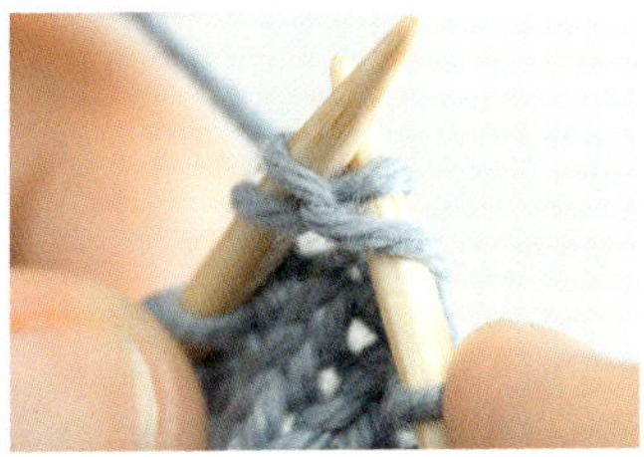

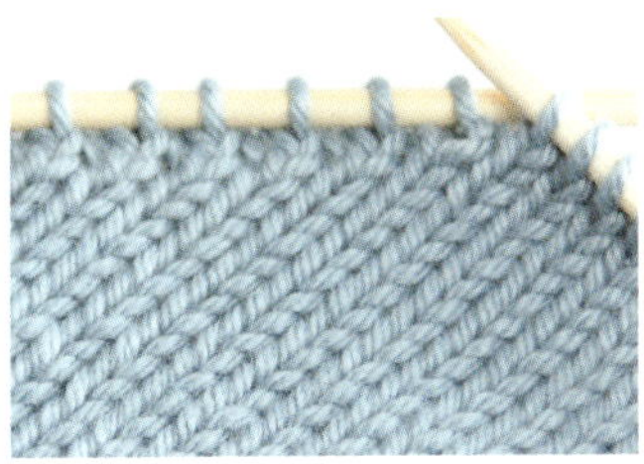

Um eine Doppelmasche in einer rechtsgestrickten Reihe abzustricken, mit der rechten Nadel von links nach rechts unter den beiden vorderen Maschenschenkeln der Doppelmasche einstechen und rechts stricken.

Soll eine Doppelmasche in einer linksgestrickten Reihe abgestrickt werden, mit der rechten Nadel von rechts nach links unter den beiden vorderen Maschenschenkeln der Doppelmasche einstechen.

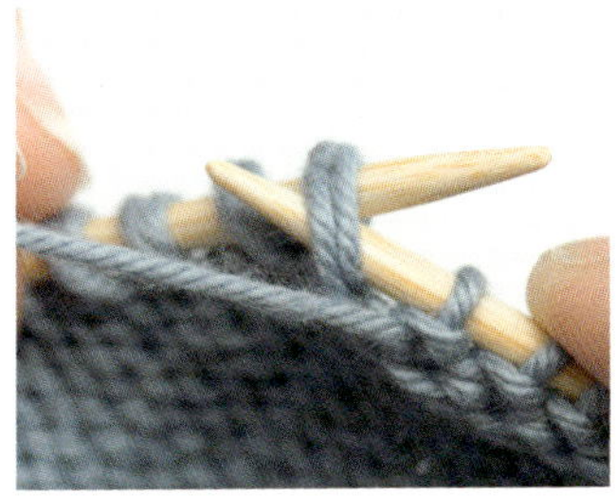

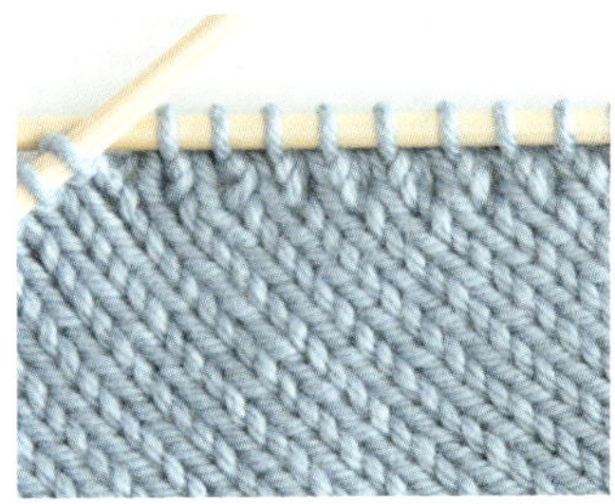

WICKELMASCHEN

Mit Wickelmaschen lassen sich besonders feste Wendemaschen arbeiten. Sie eigenen sich damit gut, um Fersen in verkürzten Reihen zu stricken. Vor dem Wenden werden Wickelmaschen, anders als alle anderen Wendemaschen, nur abgehoben und nicht mehr gestrickt. So kommt es zu unterschiedlichen Angaben von Maschenzahlen, je nachdem, ob die Wendestellen als Wickelmaschen gearbeitet werden oder als eine der anderen Arten von Wendemaschen.

RECHTS-GESTRICKTE REIHEN MIT WICKELMASCHEN VERKÜRZEN

1 Bis 1 Masche vor der Wendemasche stricken, die Wendemasche wie zum Linksstricken abheben und den Faden zwischen den beiden Nadeln von hinten nach vorne legen.

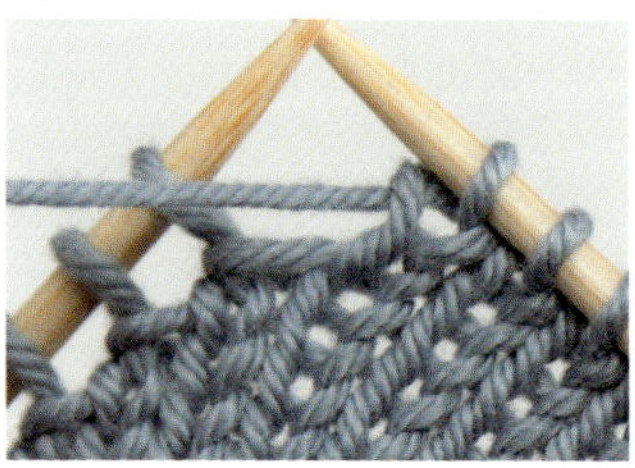

2 Die Wendemasche wieder zurück auf die linke Nadel heben und den Arbeitsfaden zwischen den beiden Nadeln nach hinten legen. Den Faden etwas anziehen. Die Arbeit wenden und die verkürzte Reihe in die entgegengesetzte Richtung weiterarbeiten.

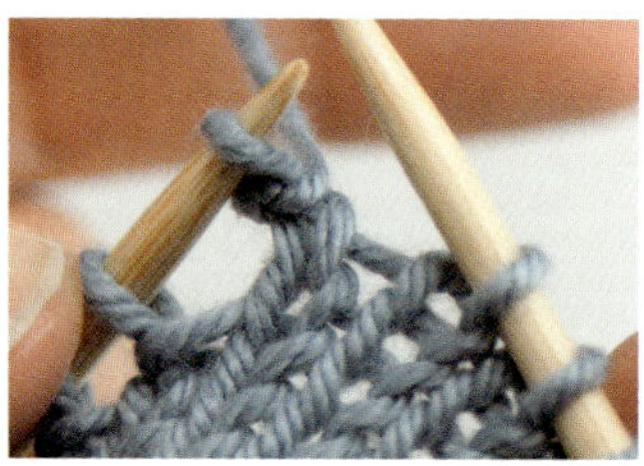

LINKSGESTRICKTE REIHEN MIT WICKELMASCHEN VERKÜRZEN

1 Soll eine linksgestrickte Reihe mit einer Wickelmasche verkürzt werden, bis 1 Masche vor der Wendemasche stricken, die Wendemasche wie zum Linksstricken mit dem Faden vorne abheben und den Faden zwischen den beiden Nadeln nach hinten legen.

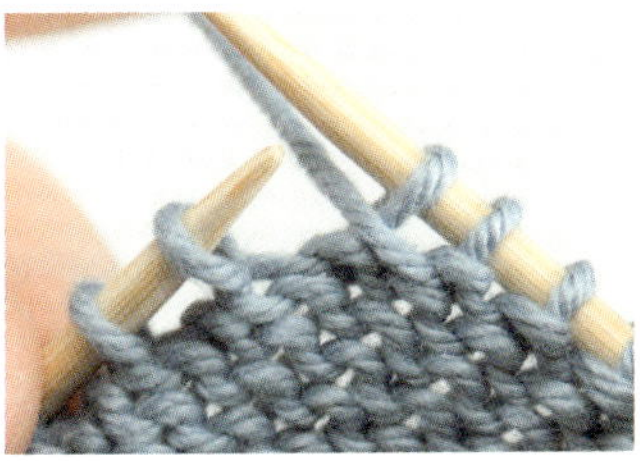

2 Die Wendemasche wieder zurück auf die linke Nadel heben und den Arbeitsfaden zwischen den beiden Nadeln nach vorne legen. Den Faden etwas anziehen. Die Arbeit wenden und die verkürzte Reihe in die entgegengesetzte Richtung weiterarbeiten.

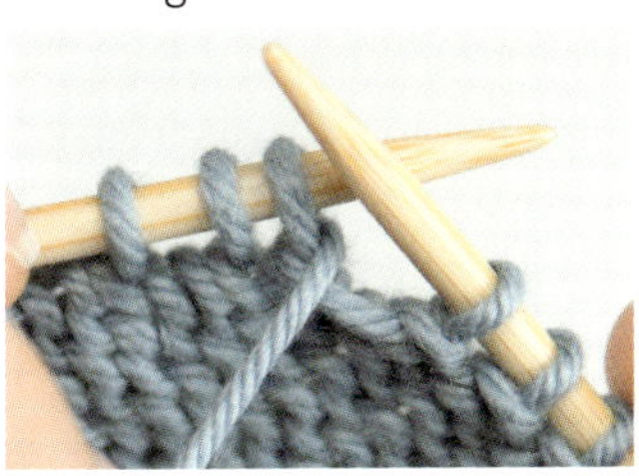

EINE WICKELMASCHE ABSTRICKEN

Das Maschenbild, das sich auf der glatt rechten Seite zeigt, ist in beiden Fällen das gleiche.

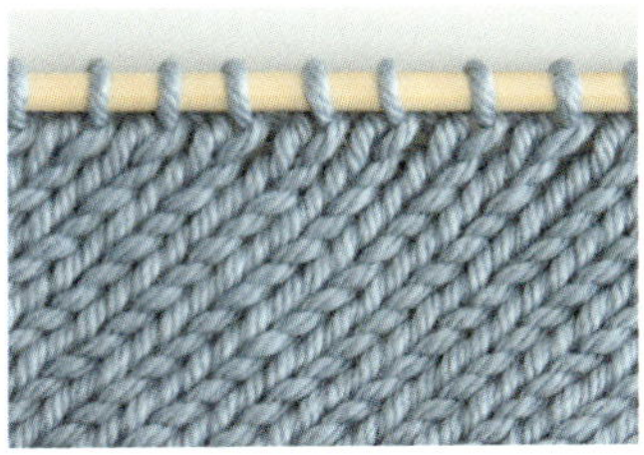

Um in einer rechtsgestrickten Reihe eine Wickelmasche abzustricken, gleichzeitig in Masche und vorderen Wickelfaden zum Rechtsstricken einstechen und beide zusammen rechts abstricken.

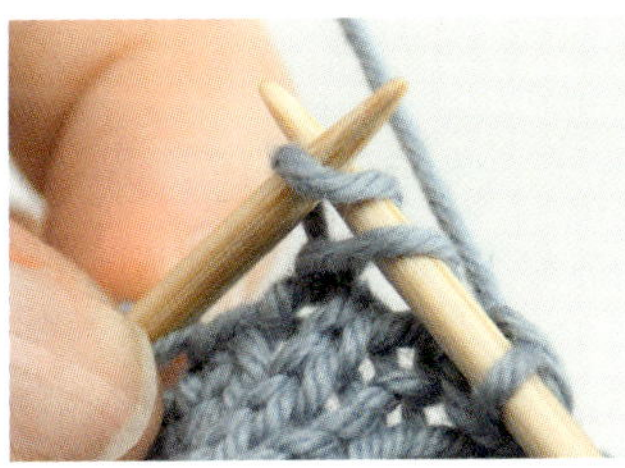

Soll eine Wickelmasche in einer linksgestrickten Reihe abgestrickt werden, mit der rechten Nadel den hinteren Wickelfaden auf die linke Nadel heben, von rechts nach links in Wickelfaden und Masche einstechen und beide links zusammenstricken.

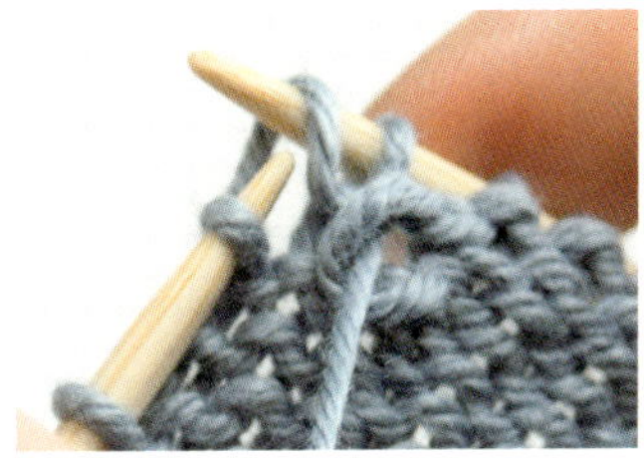

ZÖPFE STRICKEN

Für ein Zopfmuster tauschen Maschen oder Maschengruppen ihren Platz, indem man sie in veränderter Reihenfolge abstrickt.

ZOPF AUS 2 MASCHEN-GRUPPEN

Beim klassischen Zopf tauschen 2 Maschengruppen ihren Platz miteinander. Symmetrische Zöpfe entstehen aus 2 Maschengruppen mit gleich vielen Maschen. Es ist aber auch möglich, Maschengruppen mit unterschiedlicher Maschenzahl zu verzopfen.

Zöpfe aus Maschengruppen mit mehr als einer Masche werden in der Regel nur in Hinreihen gearbeitet.

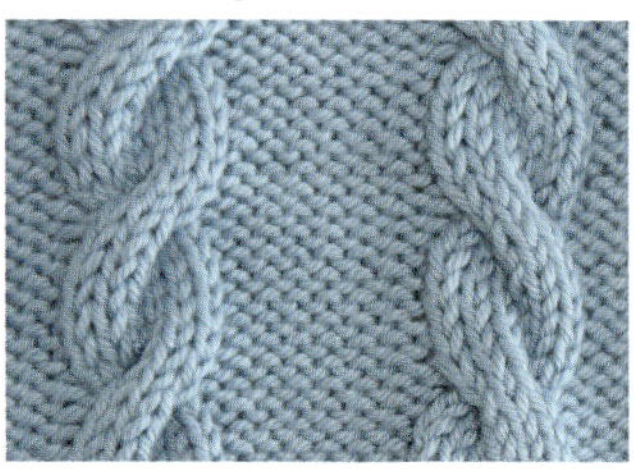

Drehrichtung des Zopfs: Je nachdem, welche der beiden Maschengruppen später im Zopf obenauf liegt, neigt sich der Zopf im Maschenbild nach links oder nach rechts.

2 MASCHENGRUPPEN NACH LINKS VERZOPFEN

Werden 2 Maschengruppen nach links verzopft, liegt die 1. Maschengruppe im fertigen Zopf über der 2. Der Zopf neigt sich nach links und dreht sich im Uhrzeigersinn.

2 MASCHENGRUPPEN MIT EINER ZOPFNADEL NACH LINKS VERZOPFEN

1 Die Maschen der 1. Maschengruppe vorne auf einer Zopfnadel ablegen. Dazu mit der Zopfnadel vor der Arbeit alle Maschen der 1. Maschengruppe ungestrickt wie zum Linksstricken abheben und in die Mitte der Zopfnadel schieben. Die Zopfnadel kann nun frei vor der Arbeit hängen.

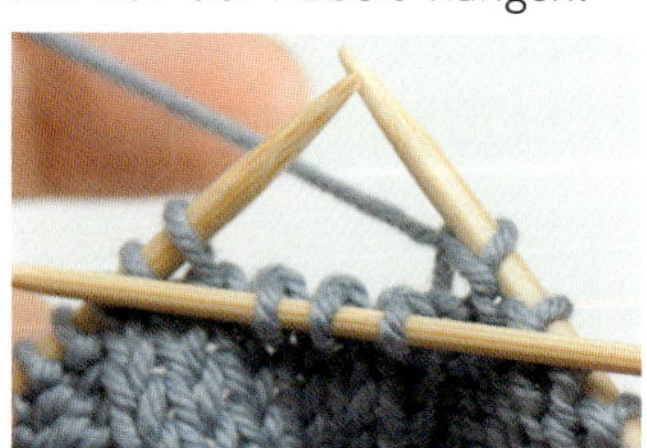

2 Die folgende Maschengruppe stricken. Dabei den Faden bei der 1. Masche der 2. Maschengruppe gut anziehen.

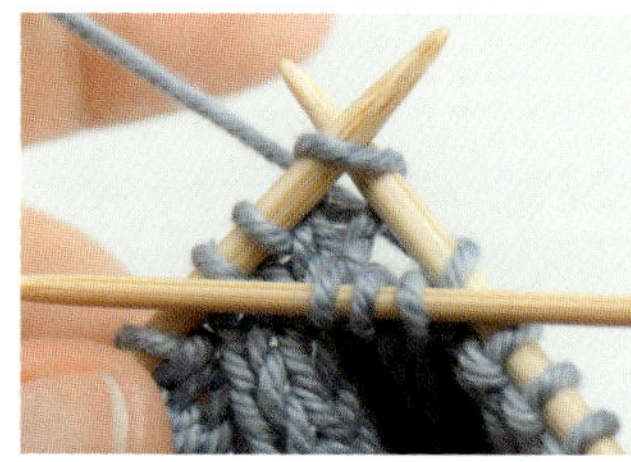

3 Die Maschen der linken Nadel ein Stück weiter in die Nadelmitte schieben, die Zopfnadel in die linke Hand nehmen und die dort abgelegten Maschen im Muster des Zopfs stricken.

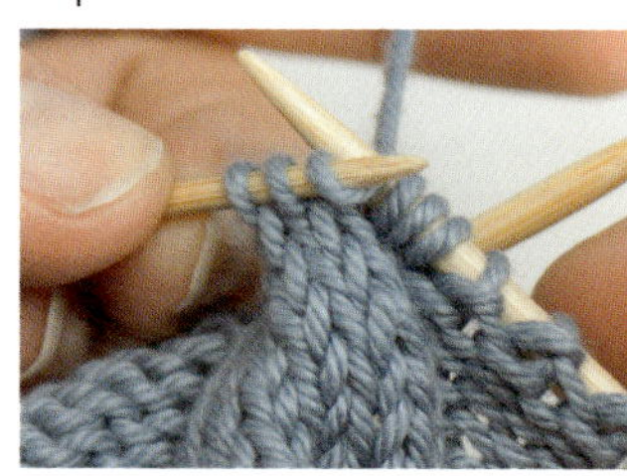

2 MASCHENGRUPPEN OHNE ZOPFNADEL NACH LINKS VERZOPFEN

1 Mit der rechten Nadel hinter der Arbeit von rechts nach links unter den hinteren Maschenschenkeln nur der 2. Maschengruppe einstechen.

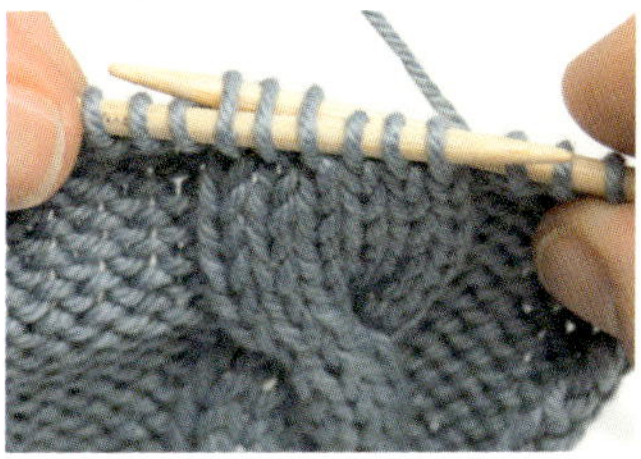

2 Die linke Nadel aus allen Zopfmaschen herausziehen. Die 1. Maschengruppe liegt offen vor der rechten Nadel. Um ein Aufziehen der Maschen zu verhindern, leicht mit dem rechten Daumen an die rechte Nadel drücken.

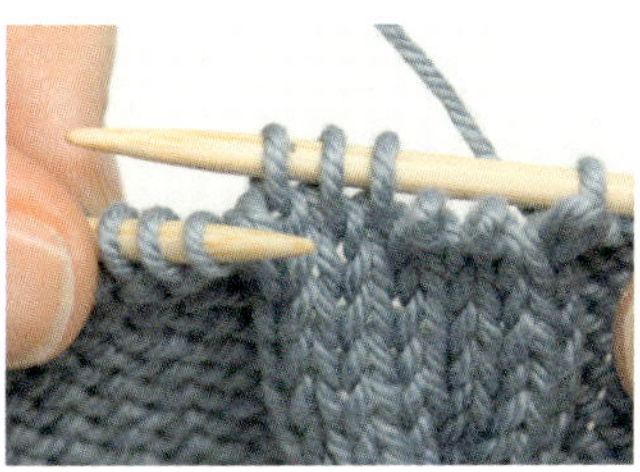

3 Die offenen Maschen von links nach rechts auf die linke Nadel nehmen. Dabei auf die richtige Orientierung der Maschen achten.

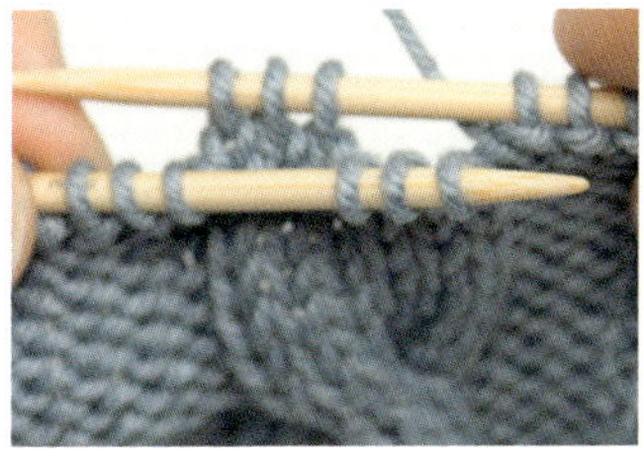

4 Die Zopfmaschen der rechten Nadel zurück auf die linke Nadel heben. Die Zopfmaschen liegen ungestrickt in der neuen Reihenfolge auf der Nadel. Die Zopfmaschen etwas auseinanderschieben und im Muster des Zopfs stricken.

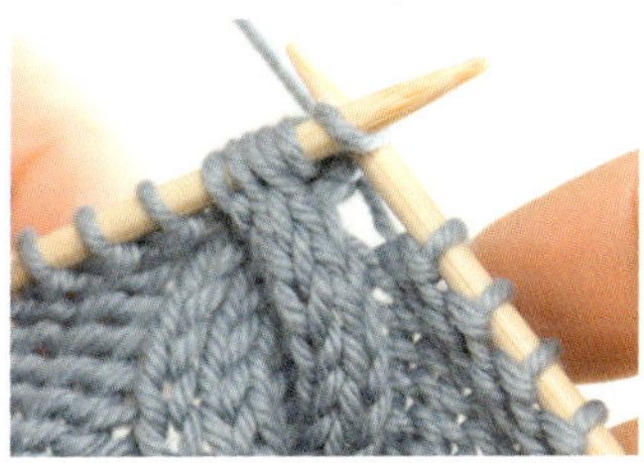

2 MASCHENGRUPPEN NACH RECHTS VERZOPFEN

Werden 2 Maschengruppen nach rechts verzopft, liegt die 2. Maschengruppe im fertigen Zopf über der 1. Der Zopf neigt sich nach rechts und dreht sich gegen den Uhrzeigersinn.

2 MASCHENGRUPPEN MIT ZOPFNADEL NACH RECHTS VERZOPFEN

1 Die Maschen der 1. Maschengruppe hinten auf einer Zopfnadel ablegen. Dazu mit der Zopfnadel alle Maschen der 1. Maschengruppe wie zum Linksstricken abheben, in die Mitte der Zopfnadel schieben und die Zopfnadel hinter der Arbeit hängen lassen.

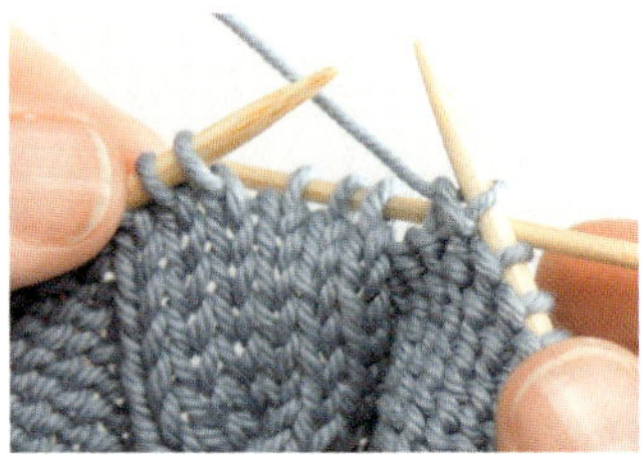

2 Die folgende Maschengruppe stricken. Dabei den Faden zwischen der letzten Grundmasche und der 1. Masche der 2. Maschengruppe gut anziehen.

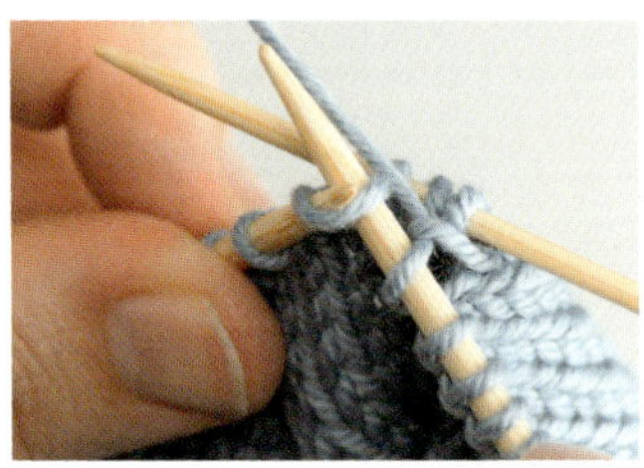

3 Die Maschen der linken Nadel weiter in Richtung Nadelmitte schieben, die Zopfnadel in die linke Hand nehmen und die dort abgelegten Maschen im Muster des Zopfs stricken.

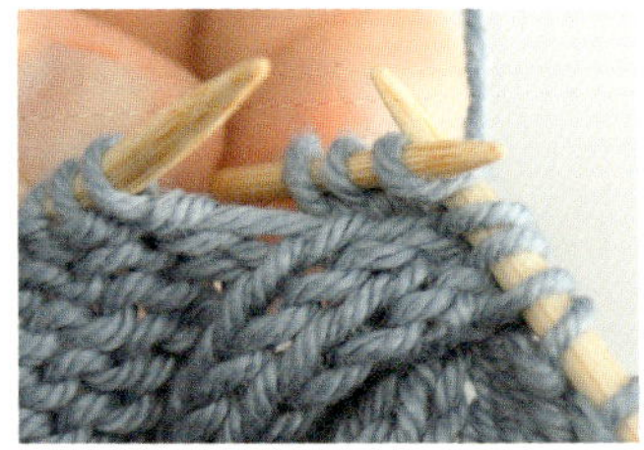

2 MASCHENGRUPPEN OHNE ZOPFNADEL NACH RECHTS VERZOPFEN

1 Mit der rechten Nadel vor der Arbeit von rechts nach links unter den vorderen Maschenschenkeln der 2. Maschengruppe einstechen.

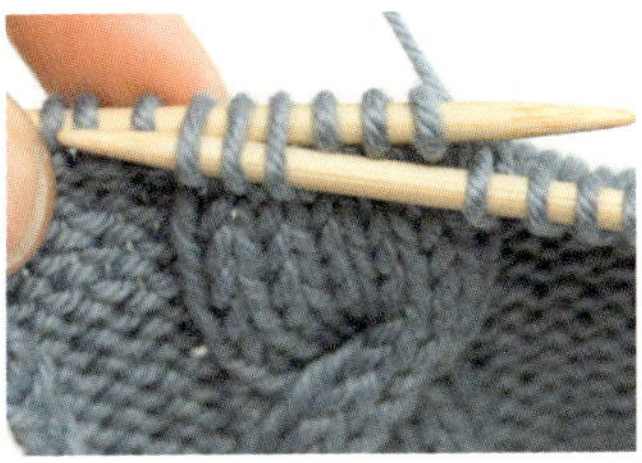

2 Die linke Nadel aus allen Zopfmaschen herausziehen. Die 1. Maschengruppe liegt offen hinter der rechten Nadel. Um ein Aufziehen der Maschen zu verhindern, leicht mit dem rechten Mittelfinger an die rechte Nadel drücken.

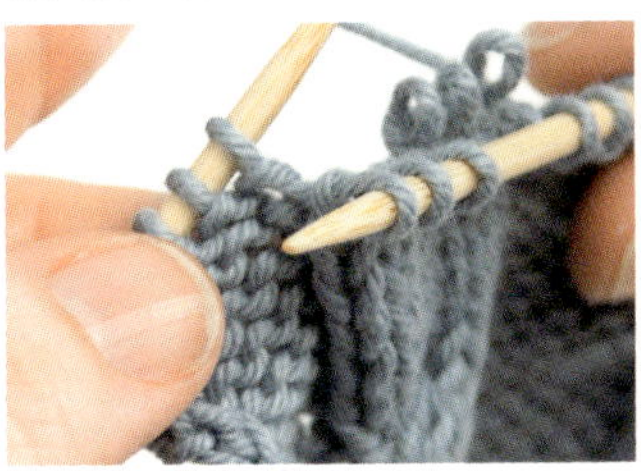

3 Die offenen Maschen von links nach rechts auf die linke Nadel nehmen. Dabei auf die richtige Orientierung der Maschen achten.

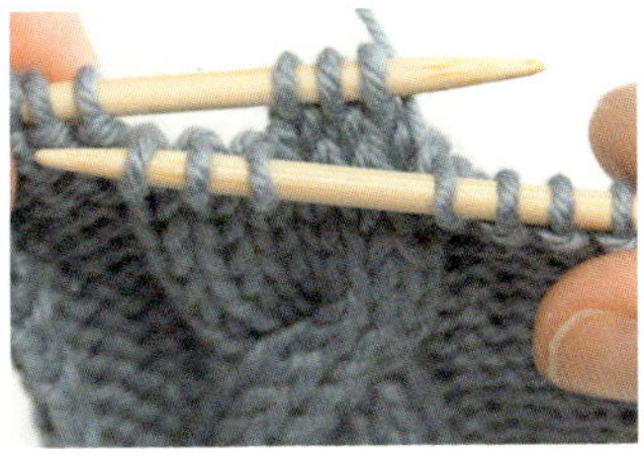

4 Die Zopfmaschen der rechten Nadel zurück auf die linke Nadel heben. Die Zopfmaschen liegen ungestrickt in der neuen Reihenfolge auf der Nadel. Die Zopfmaschen auseinanderschieben und im Muster des Zopfs stricken.

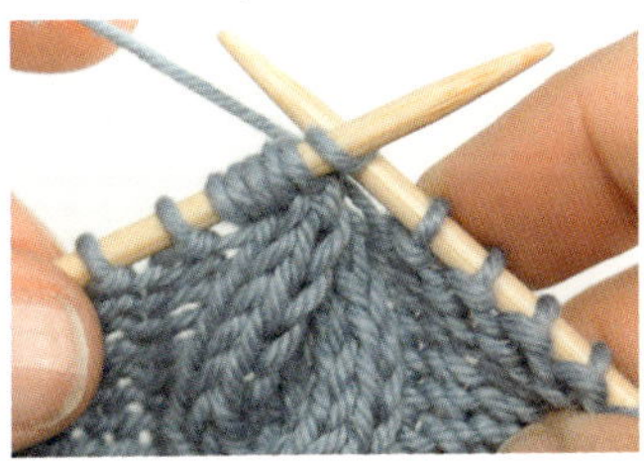

VERZOPFEN EINZELNER MASCHEN

Viele alpenländische Muster erhalten ihre besondere Schönheit und Mustervielfalt durch einen Wechsel von rechts verschränkten und linken Maschen, die miteinander verzopft werden. Diese Muster werden häufig in jeder Reihe oder Runde gemustert. Man merkt sich auch hier: Die Zopfrichtung ist in Hin- und Rückreihe die gleiche.

2 RECHTS VERSCHRÄNKTE MASCHEN NACH RECHTS VERKREUZEN

1 Mit der rechten Nadel von vorne nach hinten unter dem hinteren Maschenschenkel der 2. Masche einstechen, während die 1. Zopfmasche noch auf der linken Nadel liegt.

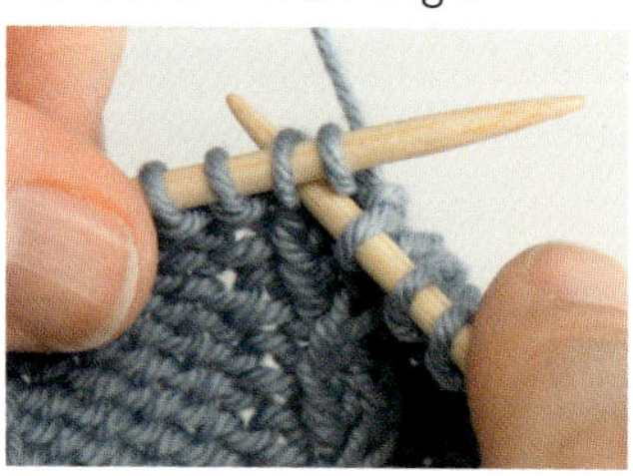

2 Den Faden fassen und durchziehen, die Maschen aber noch nicht von der Nadel heben.

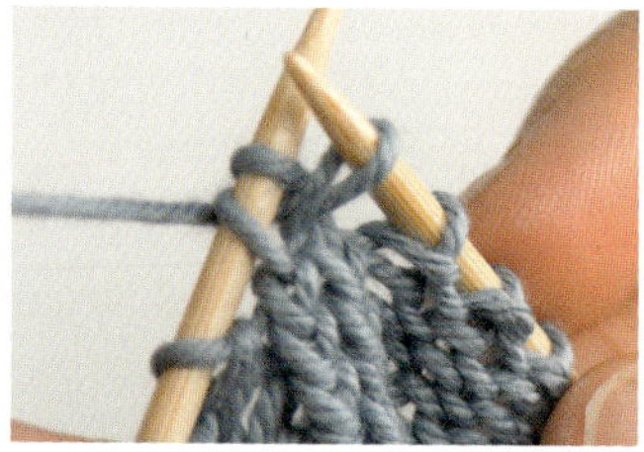

3 Mit der rechten Nadel von rechts nach links unter dem hinteren Maschenschenkel der 1. Masche einstechen.

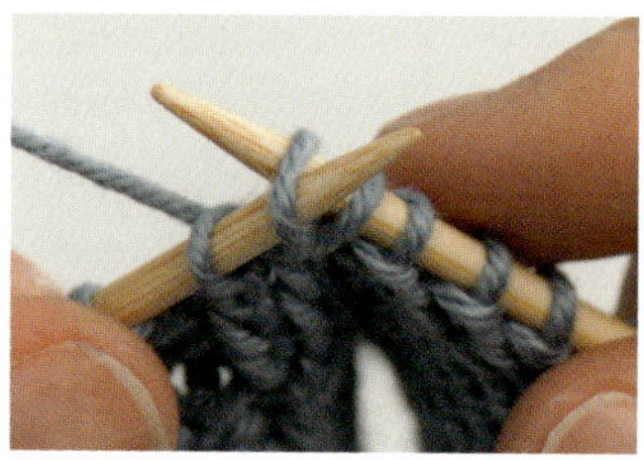

4 Die Masche rechts verschränkt abstricken und beide Zopfmaschen von der Nadel heben.

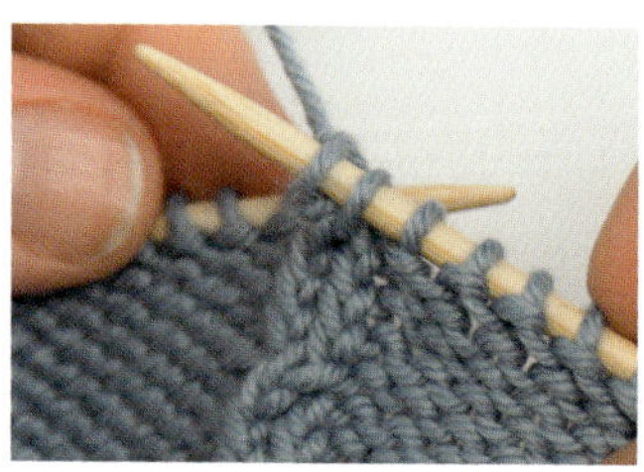

2 RECHTS VERSCHRÄNKTE MASCHEN NACH LINKS VERKREUZEN

1 Mit der rechten Nadel hinter der linken Nadel von rechts nach links unter dem hinteren Maschenschenkel der 2. Masche einstechen.

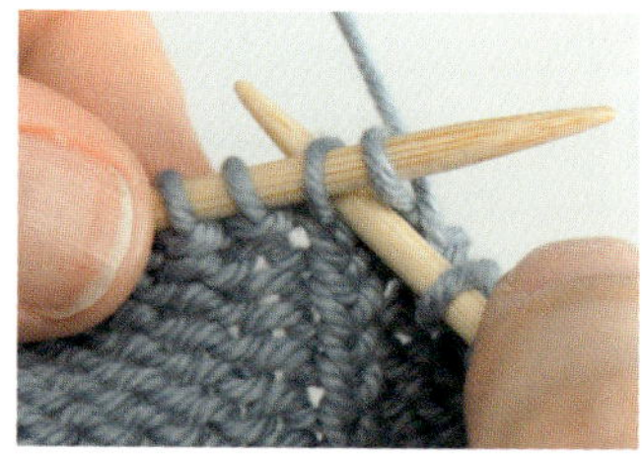

2 Den Faden fassen und durchziehen, die Maschen aber noch nicht von der Nadel heben.

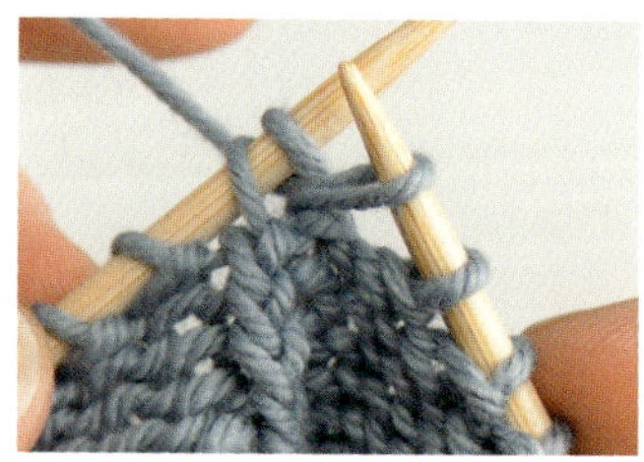

3 Von rechts nach links unter dem hinteren Maschenschenkel der 1. Masche einstechen.

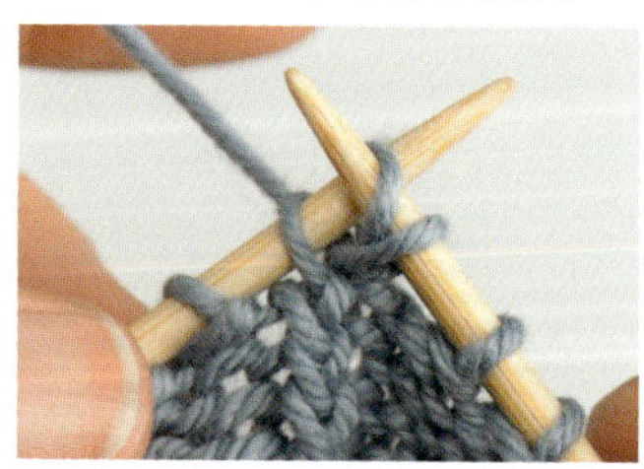

4 Die Masche rechts verschränkt abstricken und beide Zopfmaschen von der linken Nadel heben.

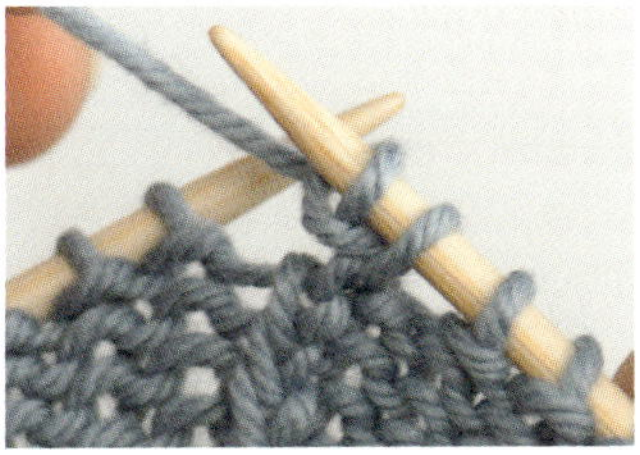

NOTATION VON ZÖPFEN IN STRICKSCHRIFTEN

In manchen Strickschriften erhält jede Zopfvariante ein eigenes Symbol. In der dazu gehörenden Legende wird die Arbeitsweise jedes einzelnen Zopfs ausführlich beschrieben. Die in Deutschland gebräuchlichsten Strickschriftsymbole für Zöpfe veranschaulichen Zopfmuster in ganz besonderer Weise und stellen ein geniales Notationsprinzip dar.

Ausgehend von 2 Richtungen, in die zwei Maschengruppen verzopft werden können, stehen 2 Grundgerüste zur Verfügung, die die Zopfrichtung angeben. Jedes der beiden Grundgerüste besteht aus einem unteren und einem oberen Balken, die mit einem kleinen diagonalen Strich in der Mitte verbunden sind.

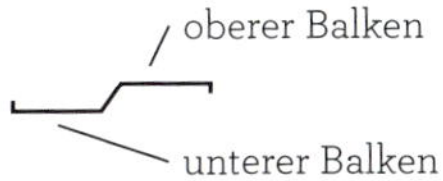

Dieser diagonale Balken trennt die beiden Maschengruppen und zeigt gleichzeitig die Richtung an, in die sich auch der Zopf neigen wird. Rechts und links werden die Maschensymbole für beide Maschengruppen notiert. Dabei ist es unerheblich, ob ein symmetrischer Zopf aus gleich vielen Maschen in beiden Maschengruppen gearbeitet und notiert werden soll, oder ob beide Maschengruppen unterschiedlich viele Maschen enthalten. Die Maschengruppe, die auf dem unteren Balken notiert ist, ist die dominierende Maschengruppe. Sie liegt im fertigen Zopf obenauf, bleibt auf der Vorderseite sichtbar und neigt sich in die Richtung des schräg verlaufenden Mittelbalkens. Die Maschengruppe, die unter dem oberen Balken beschrieben ist, verschwindet im Hintergrund.

Nach diesem Prinzip entfällt nach etwas Übung das ständige und lästige Vergleichen der Zopfsymbole mit der Legende, da die Arbeitsweise auf einen Blick ersichtlich ist.

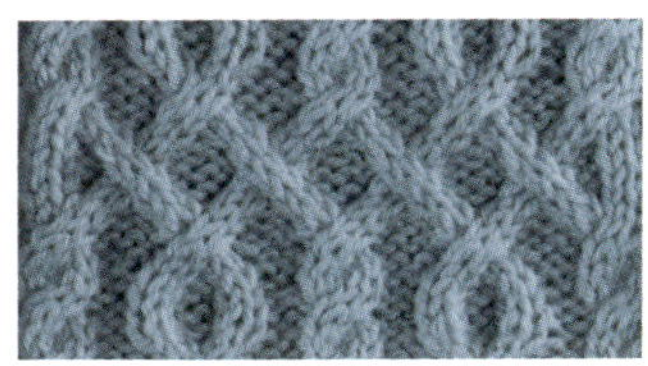

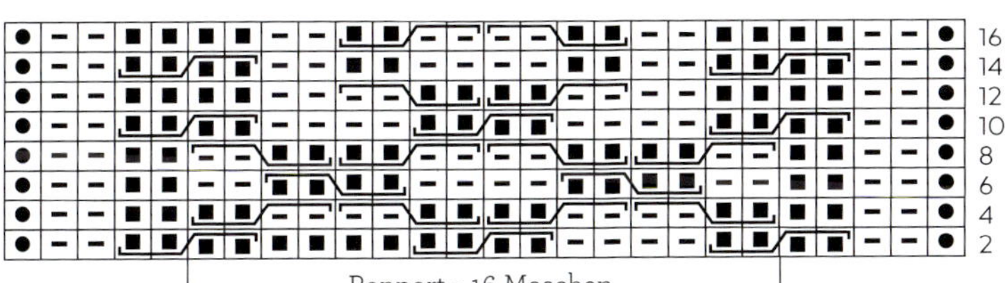

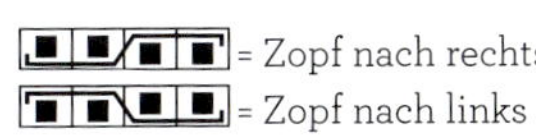

NOPPEN

Noppen sind Zierelemente, die dreidimensional aus dem Gestrick hervortreten. Sie können auf unterschiedliche Arten gearbeitet werden. Da es viele Möglichkeiten gibt, Noppen unterschiedlicher Größe und Form zu arbeiten, beschreibt jede Anleitung bzw. jedes Muster die zu arbeitende Noppe in der Legende. Die runde Noppe kann direkt über einer Masche oder auch zwischen zwei Maschen platziert werden.

RUNDE NOPPE AUS EINER MASCHE

Aus der Masche, an deren Platz die Noppe erscheinen soll, mehrere Maschen herausstricken: dazu immer abwechselnd 1 rechte und 1 linke Masche herausstricken, die Masche aber nicht von der Nadel heben.

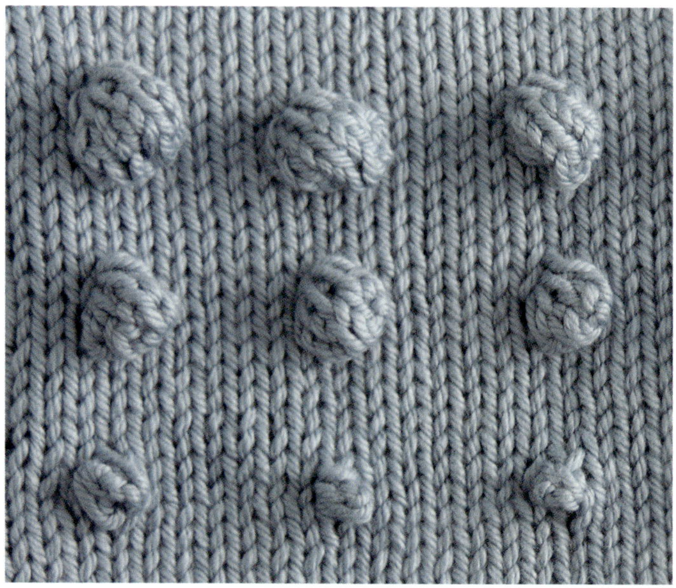

1 Den Faden hinter der Arbeit halten. Mit der rechten Nadel von vorn nach hinten unter dem vorderen Maschenschenkel einstechen und die Masche rechts stricken.

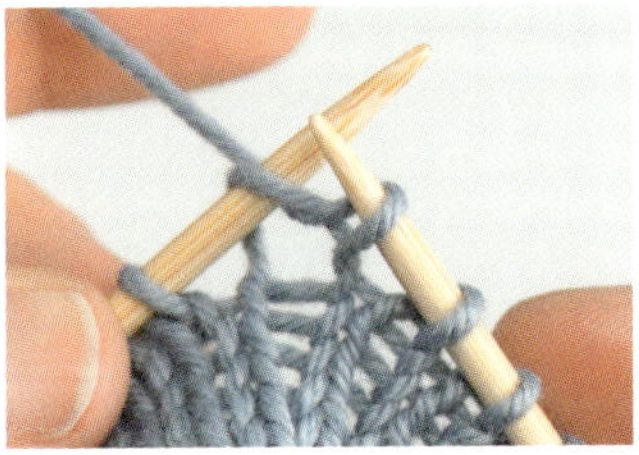

2 Den Faden nach vorne holen, von hinten nach vorn unter dem vorderen Maschenschenkel einstechen und die Masche links stricken.

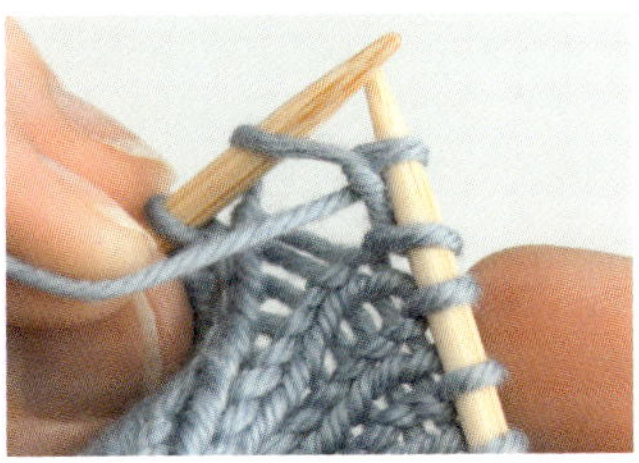

Die Arbeitsschritte 1 und 2 fortlaufend wiederholen, bis die gewünschte Noppenbreite erreicht ist. Die ursprüngliche Masche wird dabei sehr stark geweitet.

Für die kleinste Noppe ohne weitere Zwischenreihen zieht man nun nacheinander alle Maschen über die letzte Masche der rechten Nadel und über die Nadelspitze und lässt sie von der linken Nadel gleiten.

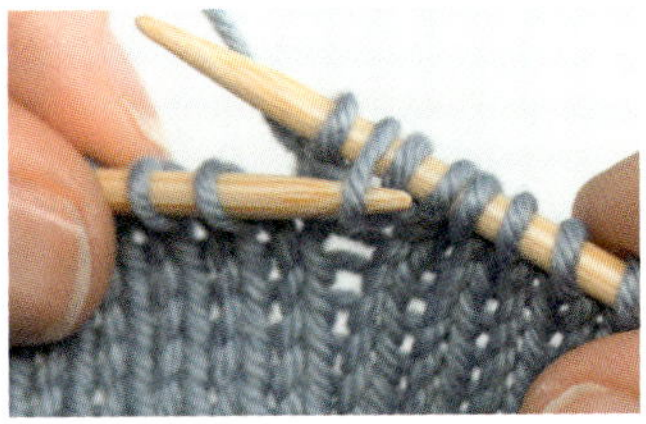

Die Größe der Noppe kann neben der Anzahl der Maschen auch durch einige Zwischenreihen verändert werden, die nur über die Noppenmaschen gestrickt werden. Dazu die Arbeit wenden und eine Rückreihe nur über die Maschen der Noppe arbeiten, erneut wenden und eine Hinreihe über die Maschen arbeiten. Anschließend die Maschen nacheinander über die letzte Masche der rechten Nadel ziehen.

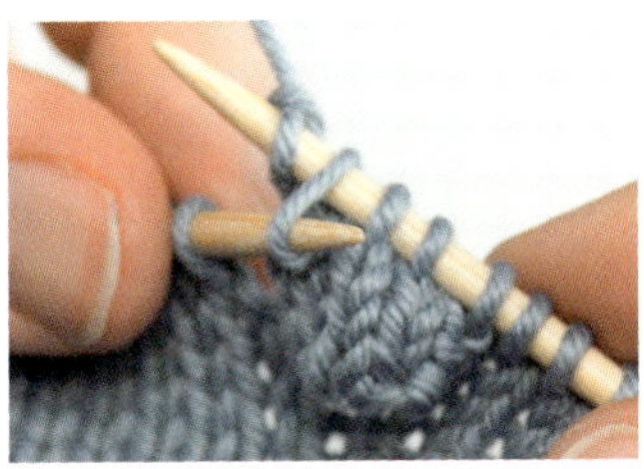

Wenn die 1. Masche nach der Noppe gestrickt wird, die Masche beim Einstechen weit ziehen, sodass sich die Masche unter der Noppe wieder zusammenzieht. Durch weitere Zwischenreihen lässt sich eine Noppe noch weiter vergrößern.

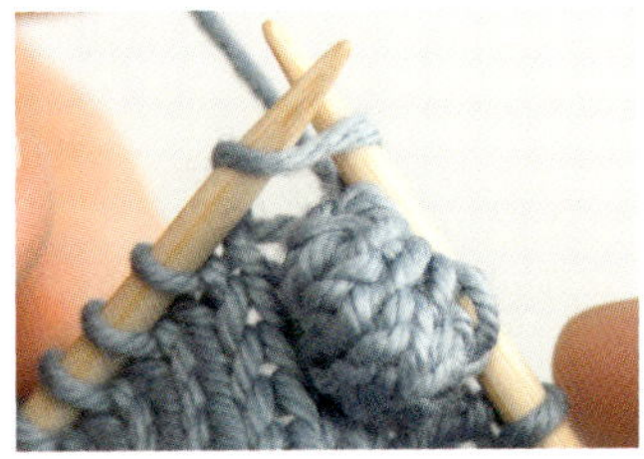

STRICKTEILE VERBINDEN

Einzelne Strickteile lassen sich mithilfe unterschiedlicher Stiche zusammennähen, man kann sie zusammenstricken oder auch zusammenhäkeln. Alle Nahtvarianten verleihen dem Kleidungsstück unterschiedliche Eigenschaften. Am besten verwendet man einen Faden des Strickgarns und eine Wollnadel zum Schließen einer Naht.

MASCHENSTICH

Im Maschenstich lassen sich offene Maschenreihen so miteinander verbinden, dass sich der Nähfaden als eine weitere Maschenreihe einpasst. Der Maschenstich kommt dort zum Einsatz, wo eine feste Nahtkante beim Tragen des Kleidungsstücks stören würde oder eine Naht mit gleicher Elastizität wie das Gestrickte notwendig ist.

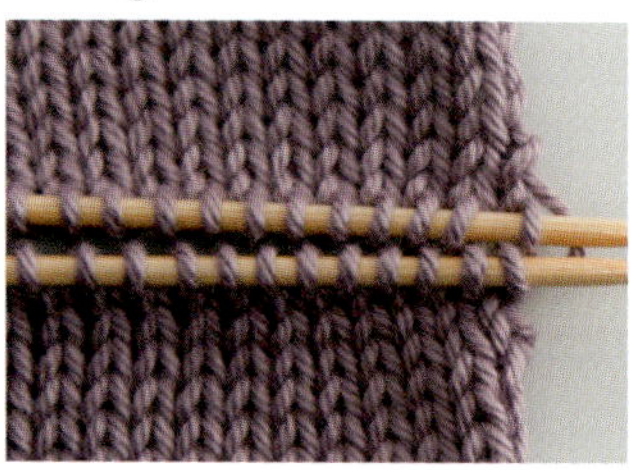

Beide zu verbindenden Teile flach auf den Tisch legen. Beide Vorderseiten weisen nach oben. Beide Maschenreihen befinden sich noch auf den Stricknadeln. Die Stricknadeln liegen dicht nebeneinander, und an der rechten Seite beider Maschenreihen befindet sich eine Nadelspitze.

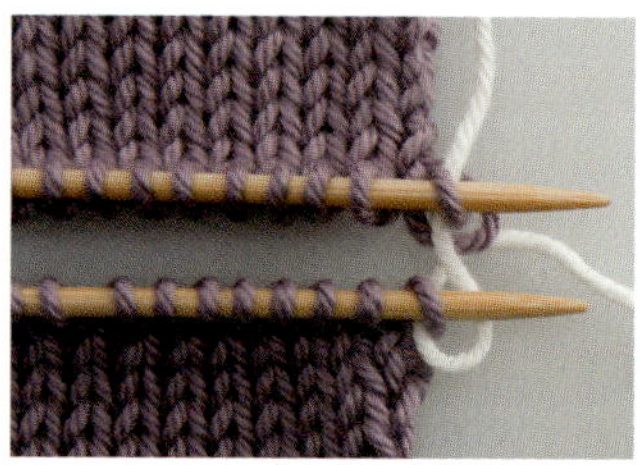

Den Nähfaden in die Wollnadel einfädeln. Mit der Wollnadel in die Randmasche der vorderen Nadel wie zum Linksstricken einstechen und den Nähfaden bis auf ca. 15 cm zum späteren Fixieren durchziehen. In die Randmasche der oberen Nadel wie zum Rechtsstricken einstechen und den Faden durchziehen. Beide Maschen bleiben dabei aber auf den Stricknadeln.

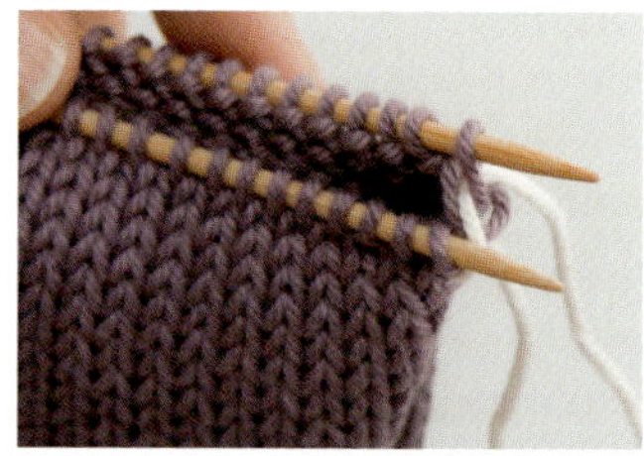

Aus dieser Position fasst man beide Stricknadeln mit der linken Hand. Die Nadeln liegen parallel. Die Strickstücke liegen links auf links.

Im Folgenden werden abwechselnd 2 Maschen der vorderen und 2 Maschen der hinteren Nadel abgenäht. In jede Masche muss 2x eingestochen werden und man benötigt 4 Stiche für jede neue rechte oder linke Masche, die beide Strickteile verbindet.

GLATT RECHTE NAHTVERBINDUNG

1 Mit der Wollnadel wie zum Rechtsstricken in die 1. vordere Masche einstechen, die Masche abheben und den Faden durchziehen.

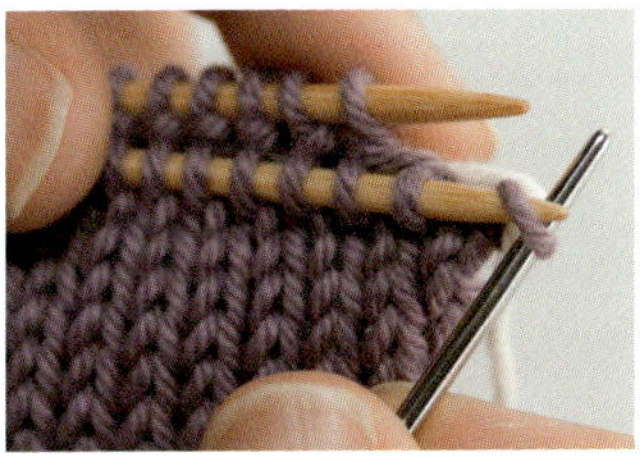

2 In die 2. vordere Masche wie zum Linksstricken einstechen und den Faden anziehen, ohne dabei die Maschen von der Nadel zu heben. Den Nähfaden noch einmal vorsichtig anziehen.

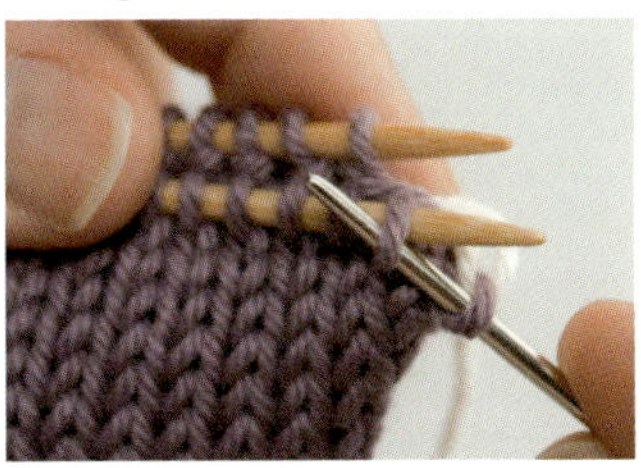

3 In die 1. Masche der hinteren Nadel wie zum Linksstricken einstechen, die Masche abheben und den Faden durchziehen.

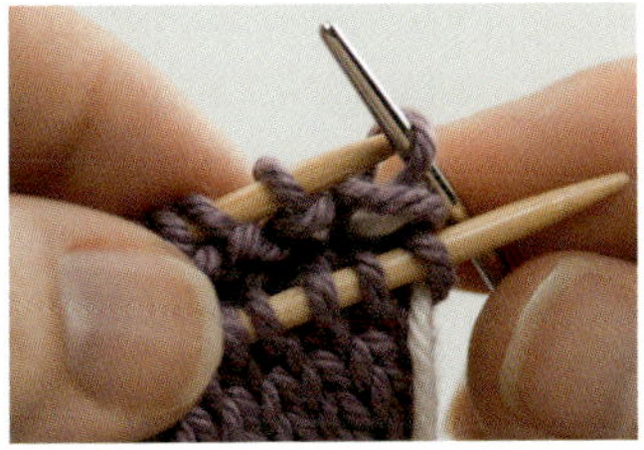

4 In die 2. hintere Masche wie zum Rechtsstricken einstechen und den Faden anziehen, ohne die Masche abzuheben. Den Faden anziehen.

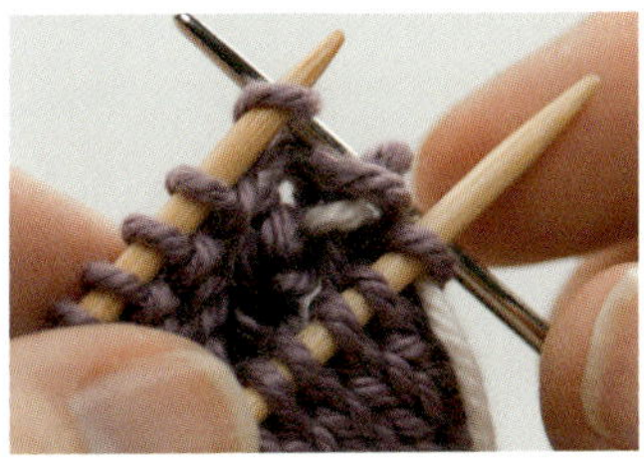

Die Schritte 1–4 wiederholen, bis sich nur noch je 1 Masche auf beiden Nadeln befindet. Die letzte vordere Masche rechts abnähen, dann die letzte hintere Masche links abnähen und den Faden anziehen.

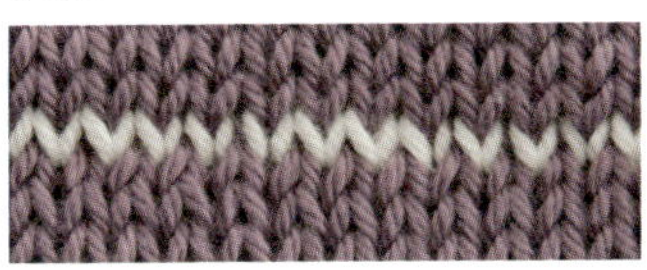

MANTRA

Das Mantra für das glatt rechte Zusammennähen im Maschenstich lautet:
Vorne rechts ab, links,
hinten links ab, rechts.

GLATT LINKE NAHTVERBINDUNG

1 Die 1. vordere Masche links abheben und den Faden durchziehen.

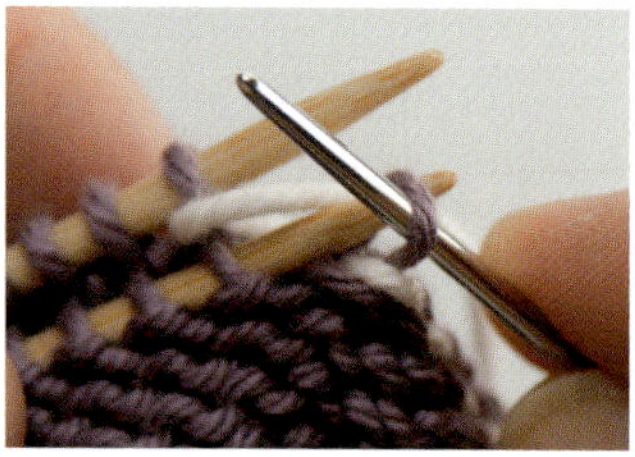

2 In die 2. vordere Masche rechts einstechen und den Faden durchziehen.

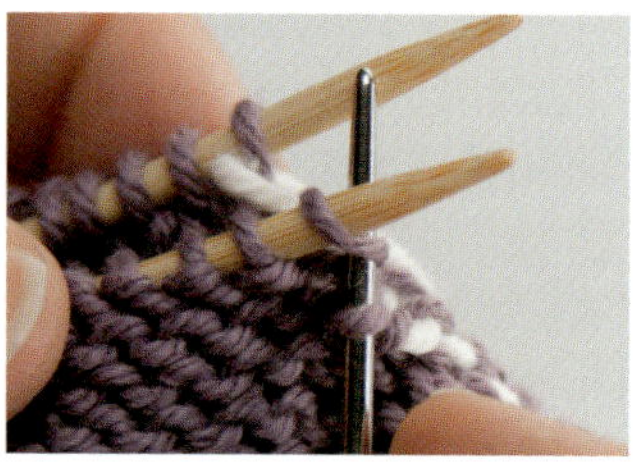

3 Die 1. hintere Masche rechts abheben und den Faden durchziehen.

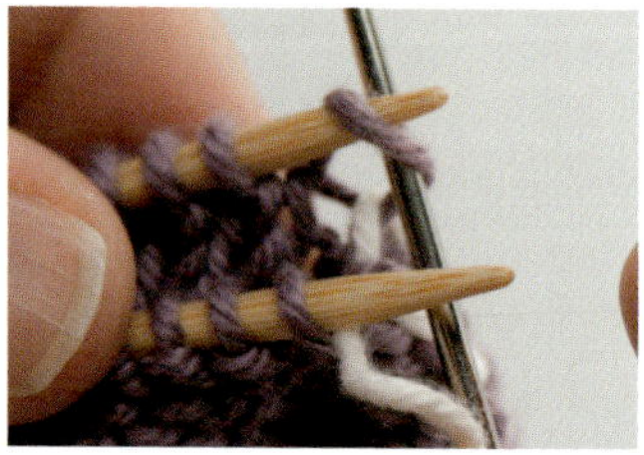

4 In die 2. hintere Masche links einstechen und den Faden durchziehen.

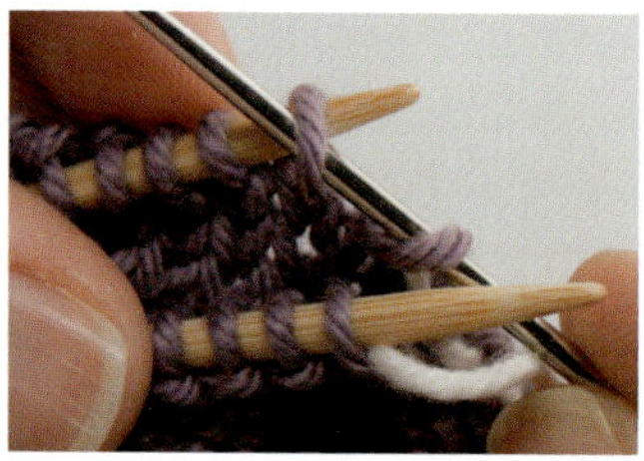

Die Schritte 1-4 wiederholen, bis sich auf beiden Nadeln nur noch jeweils 1 Masche befindet. Die letzte vordere Masche links abheben, dann die letzte hintere Masche rechts abheben und den Faden anziehen.

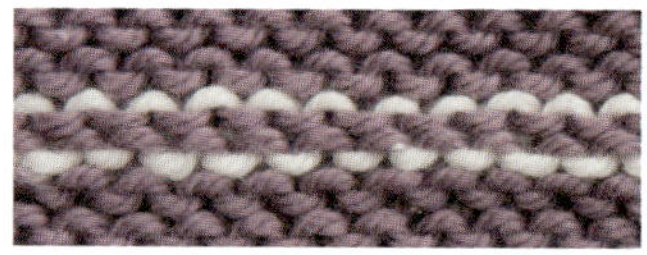

MANTRA

Das Mantra für das glatt linke Zusammennähen im Maschenstich lautet:
Vorne links ab, rechts,
hinten rechts ab, links.

KRAUS RECHTE NAHTVERBINDUNG

Für eine unsichtbare kraus rechte Naht beendet man das vordere Strickteil mit einer Rückreihe und das hintere Strickteil mit einer Hinreihe.

1 Die 1. vordere Masche rechts abheben und den Faden durchziehen.

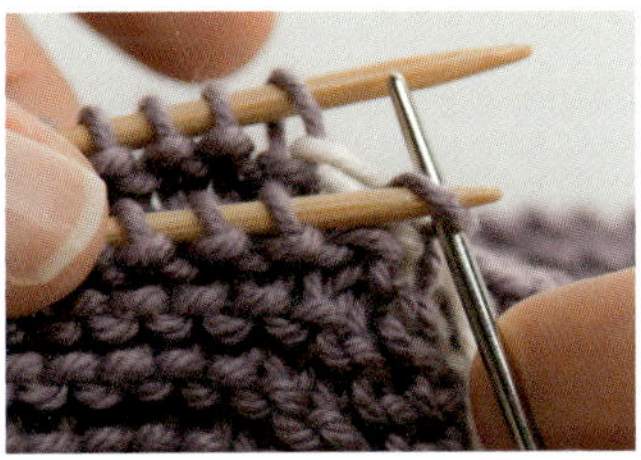

2 In die 2. vordere Masche links einstechen und den Faden durchziehen.

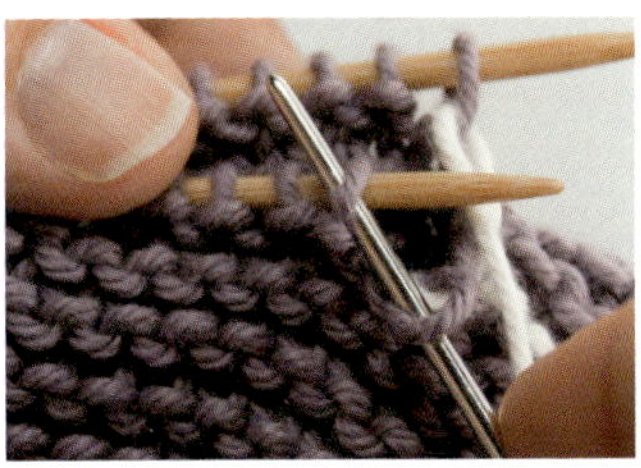

3 Die 1. hintere Masche rechts abheben und den Faden durchziehen.

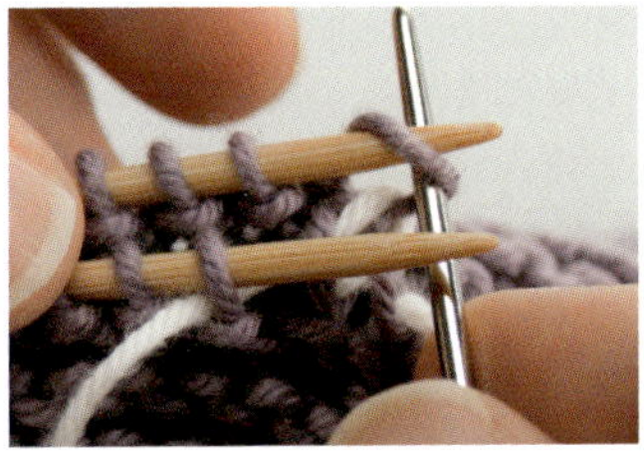

4 In die 2. hintere Masche links einstechen und den Faden durchziehen.

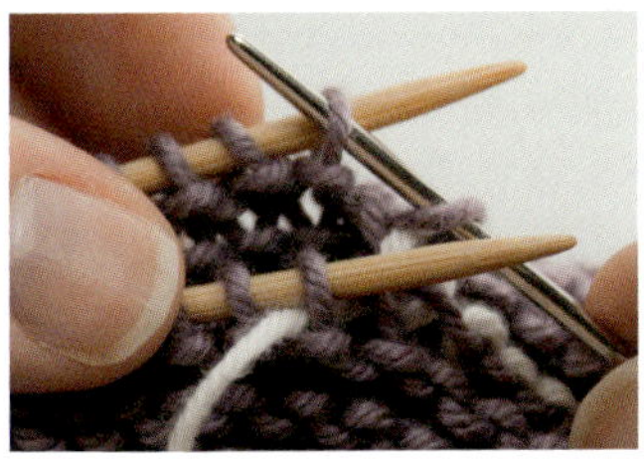

Die Schritte 1–4 wiederholen, bis sich nur noch je 1 Masche auf beiden Nadeln befindet.

Die letzte vordere Masche rechts abnähen, dann die letzte hintere Masche links abnähen und den Faden anziehen.

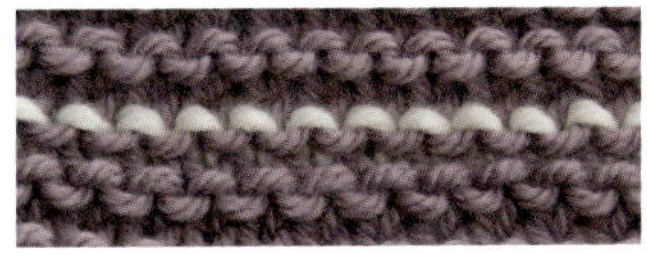

MANTRA

Das Mantra für das kraus rechte Zusammennähen im Maschenstich lautet:
Vorne rechts ab, links,
hinten rechts ab, links.

MATRATZENSTICH

Der Matratzenstich ist der in Deutschland wohl am häufigsten verwendete Stich, um zwei Strickstücke miteinander zu verbinden. Der Matratzenstich wird von der rechten Seite ausgeführt, sodass man die Naht jederzeit vor Augen hat und Muster genau aneinanderfügen kann. Die Naht ist nahezu unsichtbar. Werden gerade Strickkanten verbunden, kann man sich sogar das Aneinanderheften der beiden Strickteile ersparen.

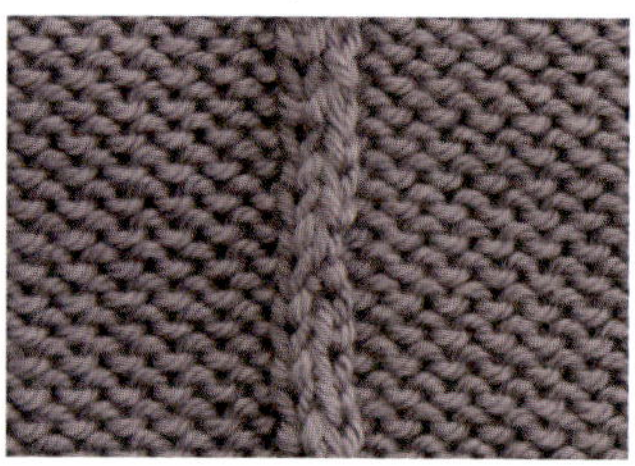

Während dazu bei den senkrechten Nähten je nach Strickmuster entweder 1 oder 2 Querfäden aufgefasst werden, führt man den Matratzenstich entlang von Anschlag- oder Abkettkanten immer über 2 Maschenschenkel einer Masche aus. Unabhängig vom Muster werden mit der Wollnadel also immer 2 Fäden - in diesem Fall nicht Querfäden, sondern Maschenschenkel - aufgefasst.

2 STRICKRÄNDER SCHLIESSEN

In einer Naht aus 2 seitlichen Strickrändern stoßen 2 Maschensäulen gleicher Höhe aneinander. Zusätzlich zur benötigten Maschenzahl wurde für jede Naht an beiden Strickteilen je 1 weitere Randmasche gearbeitet. Durch das Einnähen in die Naht kippen die Randmaschen beider Teile auf die Rückseite.

1 Die beiden zu verbindenden Strickteile mit der Vorderseite an den Nahtkanten aneinanderlegen. Die Randmaschen der unteren Anschlagkanten beider Strickteile in Form einer 8 miteinander verbinden. Dazu mit der Nadel jeweils über der Anschlagkante beider Strickteile von unten nach oben vor der Randmasche des linken Strickteils ausstechen, von unten nach oben nach der Randmasche des rechten Teils ausstechen und den Faden durchziehen. Zum späteren Vernähen das Fadenende mindestens 15 cm lang lassen.

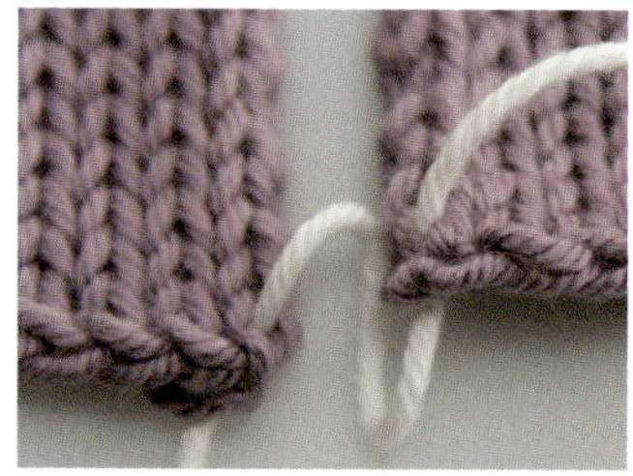

2 Ein zweites Mal von unten nach oben aus der gleichen Austrittstelle erst des linken Strickteils, dann des rechten Strickteils ausstechen und den Faden gut anziehen.

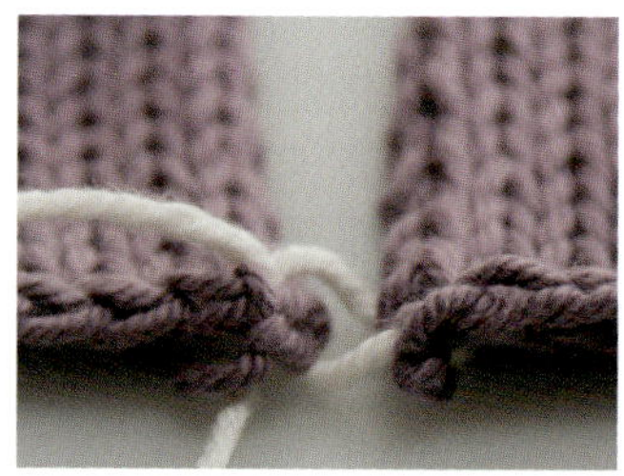

GLATT RECHTS GESTRICKTES VERBINDEN

Der Matratzenstich lässt sich an glatt rechtsgestrickten Teilen deutlich schneller ausführen als an Strickteilen mit anderen Mustern, da jeweils 2 übereinanderliegende Querfäden gleichzeitig aufgefasst werden können.

1 Um die Naht vorzubereiten, sticht man zunächst mit der Nadel in die vorige Austrittstelle des rechten Teils ein, führt die Nadel entlang der Maschensäule, fasst den nächsten Querfaden über der Einstichstelle auf und zieht den Faden durch.

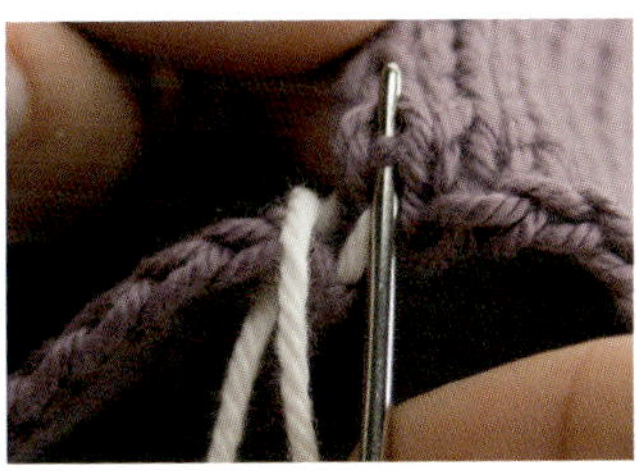

2 In die vorige Austrittstelle des linken Strickteils einstechen, die Nadel entlang der Maschensäule führen, die beiden nächsten Querfäden über der Einstichstelle auffassen und den Faden durchziehen.

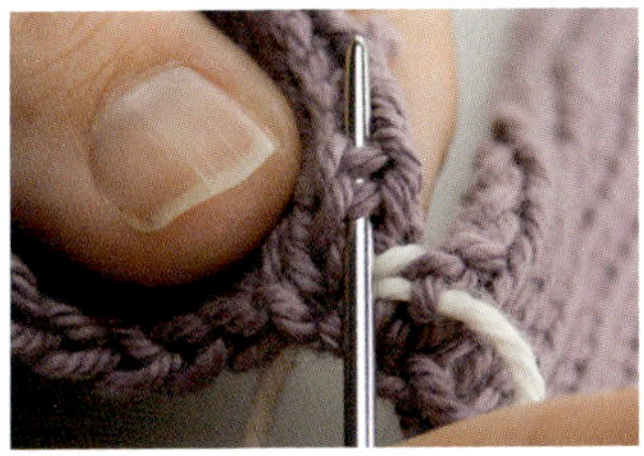

3 In die vorige Austrittstelle des rechten Strickteils einstechen, die Nadel entlang der Maschensäule führen, die beiden nächsten Querfäden über der Einstichstelle auffassen und den Faden durchziehen.

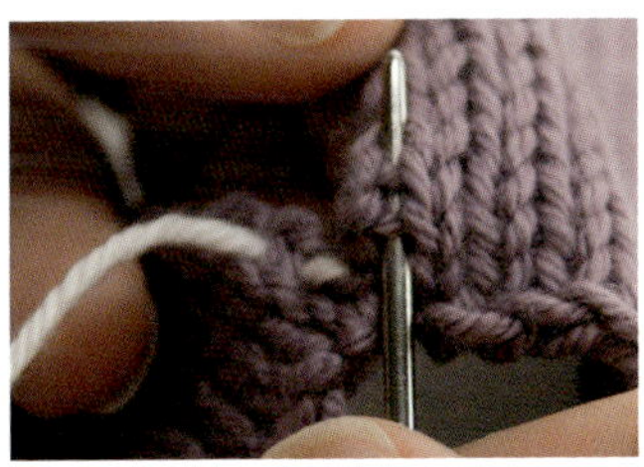

Die Schritte 2 und 3 fortlaufend wiederholen und so abwechselnd das linke mit dem rechten Strickteil jeweils über eine Höhe von 2 Querfäden miteinander verbinden. Der Nähfaden wird dabei so fest angezogen, dass die Maschensäulen der ersten Mustermaschen beider Teile aneinanderstoßen und die Naht auf der Vorderseite unsichtbar wird. Die Fadenspannung des Nähfadens stimmt, wenn sich die Naht auch bei leichtem Auseinanderziehen beider Strickteile nicht zeigt. Wird der Faden dagegen zu stark angezogen, wird die Naht hart und zieht das Strickteil schlimmstenfalls sogar zusammen.

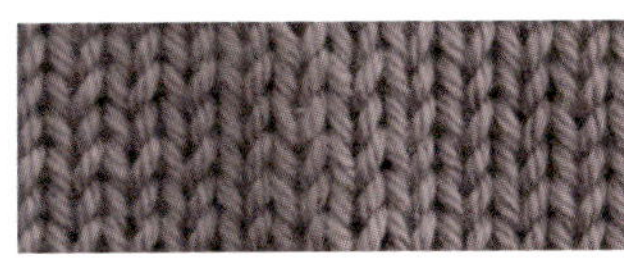

ANSCHLAGKANTE UND ABKETTKANTE VERBINDEN

Verbindet man 2 Strickteile so, dass eine Abkettkante und eine Anschlagkante in der Naht aufeinanderstoßen, setzt sich die Strickrichtung der Maschen fort, sodass die beiden Teile ohne Versatz aneinandergenäht werden können.

1 Die beiden zu verbindenden Strickteile mit der Vorderseite nach oben an den Nahtkanten dicht nebeneinanderlegen. Die rechten Strickränder beider Teile jeweils 1 Reihe unterhalb der Anschlag- oder Abkettkante zwischen Randmasche und erster Masche in Form einer 8 miteinander verbinden. Dazu mit der Nadel von unten nach oben nach der Randmasche des rechten Strickteils einstechen, von unten nach oben nach der Randmasche des linken Teils ausstechen und den Faden durchziehen. Das Fadenende zum späteren Vernähen noch mindestens 15 cm lang lassen. Noch einmal von unten nach oben nach der Randmasche des rechten Strickteils ausstechen, von unten nach oben nach der Randmasche des linken Strickteils ausstechen und den Faden gut anziehen.

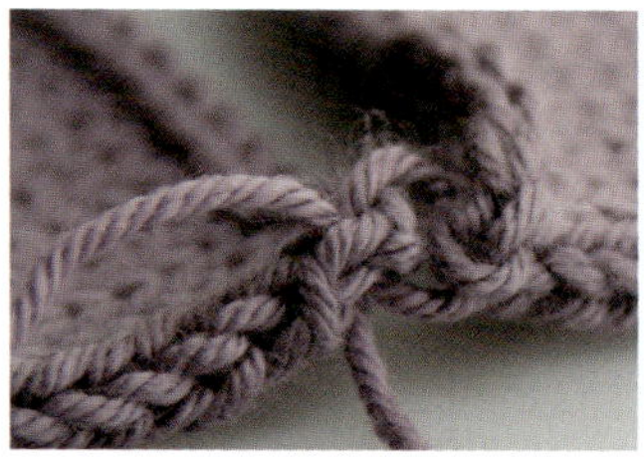

2 Dann abwechselnd die beiden Maschenschenkel der folgenden Masche des gegenüberliegenden Strickteils mit der Nadel auffassen.

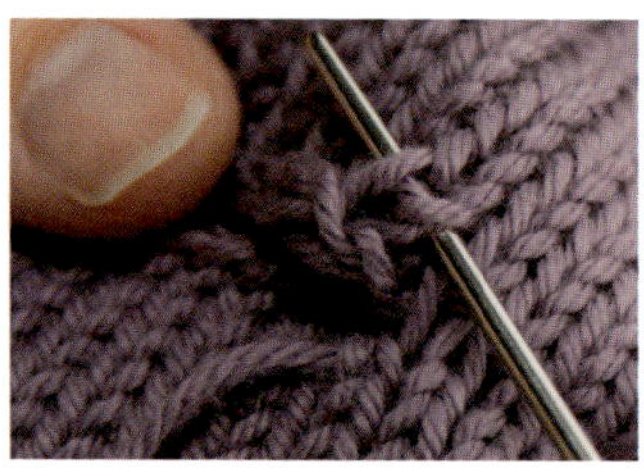

2 ANSCHLAGKANTEN ODER ABKETTKANTEN VERBINDEN

Verbindet man 2 Strickteile so, dass entweder 2 Abkettkanten oder 2 Anschlagkanten in der Naht aufeinanderstoßen, kehrt sich die Strickrichtung der Maschen nach der Naht um. Für ein gleichmäßiges Maschenbild über die Naht hinaus arbeitet man den Matratzenstich um eine halbe Masche versetzt.

1 Die beiden zu verbindenden Strickteile mit der Vorderseite nach oben an den Nahtkanten dicht nebeneinanderlegen. Die rechten Strickränder beider Teile jeweils 1 Reihe unterhalb der Anschlag- oder Abkettkante zwischen Randmasche und erster Masche in Form einer 8 miteinander verbinden. Dazu mit der Nadel von unten nach oben aus der Mitte der Randmasche des rechten Strickteils ausstechen, von unten nach oben nach der Randmasche des linken Teils ausstechen und den Faden durchziehen. Das Fadenende zum späteren Vernähen noch mindestens 15 cm lang hängen lassen. Noch einmal von unten nach oben aus der Mitte der Randmasche des rechten Strickteils ausstechen, von unten nach oben nach der Randmasche des linken Teils ausstechen und den Faden gut anziehen.

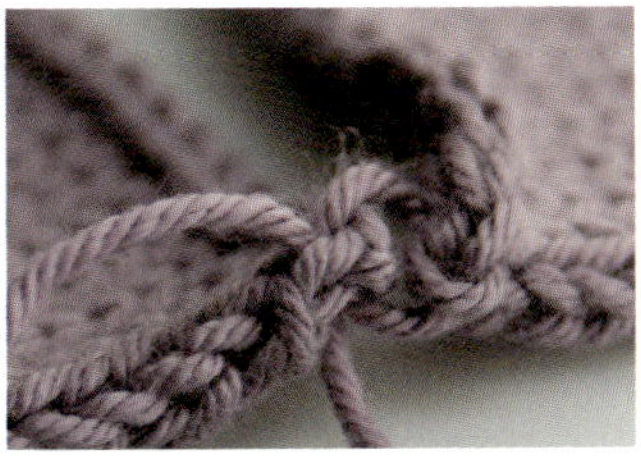

2 Abwechselnd die beiden folgenden Maschenschenkel des gegenüberliegenden Strickteils mit der Nadel auffassen. Beim rechten Strickteil sticht man dazu jeweils mittig in die Maschen ein, sodass man 2 Schenkel von 2 Maschen erfasst, während man beim linken Strickteil die beiden Maschenschenkel nur einer Masche aufnimmt.

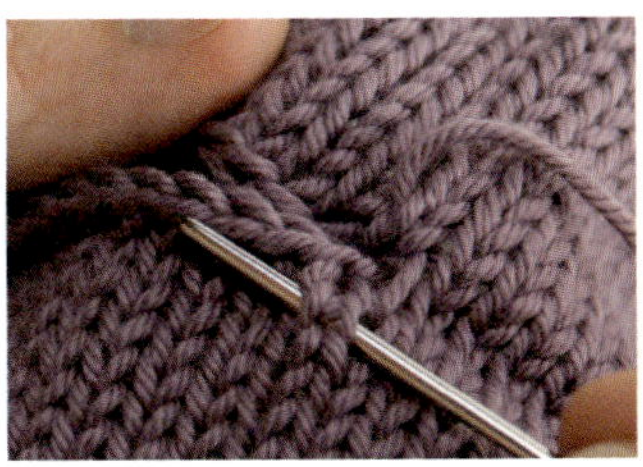

STRICKRAND AN ANSCHLAG- ODER ABKETTKANTE NÄHEN

Möchte man eine Anschlag- oder Abkettkante mit einem seitlichen Strickrand verbinden, müsste man immer 2 Maschenschenkel einer Maschenreihe mit 1 Querfaden einer Maschensäule verbinden.
Da Maschen in der Regel nicht genauso breit wie hoch sind, würde eine solche Naht die Reihen des Strickrandes auseinanderziehen und die Maschen der Anschlag- oder Abkettkante zusammenraffen. Die Naht würde sehr ungleichmäßig aussehen, deutlich dicker ausfallen und erheblich an Elastizität verlieren.

DIE REGEL „3 AUF 4"

Für die meisten Strickmuster gilt, dass 4 Reihen in der Höhe ungefähr der gleichen Strecke entsprechen wie 3 Maschen in der Breite. Diese Faustregel reicht in den meisten Fällen zum Arbeiten einer flachen und doch elastischen Naht aus. Die 3-auf-4-Regel bedeutet für das Schließen einer Naht im Matratzenstich, dass immer 3 Maschen mit 4 Reihen verbunden werden müssen.

Gerade Nähte lassen sich auf diese Weise schließen, ohne sie zuvor aneinanderheften zu müssen.
Am einfachsten gelingt diese Naht, wenn man dazu immer 2 Maschenschenkel mit 1 Querfaden im Matratzenstich verbindet und dabei jeden 4. Querfaden überspringt.

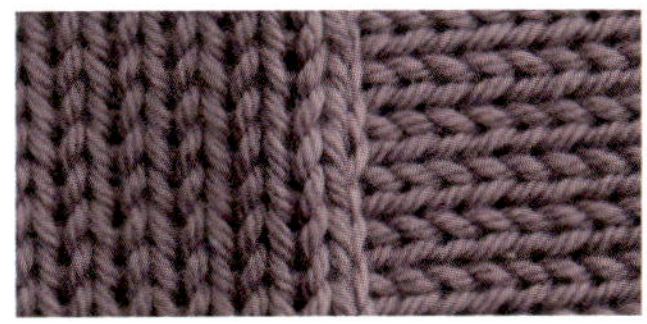

Noch gleichmäßiger fällt die Naht aus, wenn man immer 2 Maschenschenkel abwechselnd mit 1 Querfaden, dann mit 2 Querfäden und schließlich wieder mit 1 Querfaden verbindet. Gut darauf achten, dass 2x nacheinander jeweils 1 Querfaden aufgenommen werden muss, bevor 2 Querfäden in die Naht eingenäht werden. Wechselt man 1 Querfaden mit 2 Querfäden ab, setzt man die Maschen jeweils in Dreiergruppen abwechselnd an 4 Reihen und an 5 Reihen an. Oft fällt eine solche Naht zu weit und recht ungleichmäßig aus.

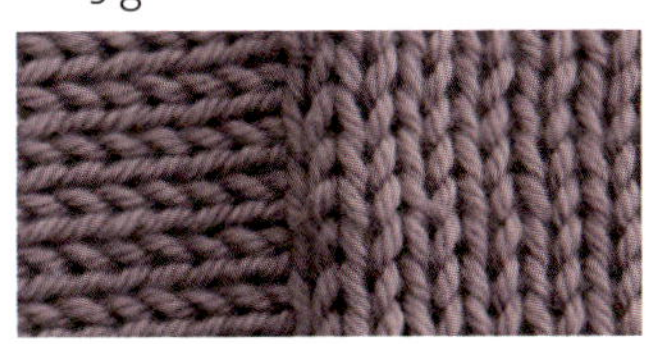

ÜBERWENDLINGS-STICH

Im Überwendlingsstich lassen sich Nähte im Perlmuster besonders flach schließen, wenn die Randmaschen der beiden Teile als Knötchenrand gearbeitet wurden. Dies macht man sich vor allem zum Schließen von Nähten bei Blenden, Bündchen und Kragen zunutze.

Beide Teile rechts auf rechts aufeinanderlegen. Mit der Wollnadel von vorne nach hinten durch je 1 Knötchen an den Strickkanten beider Teile einstechen und den Faden durchziehen. Die Nadel über der Kante wieder nach vorne führen.

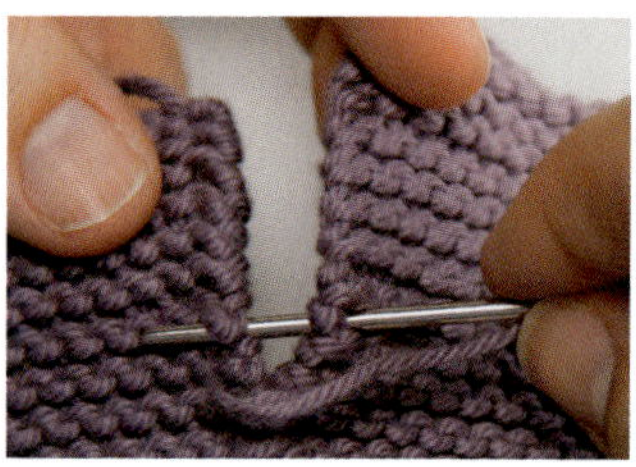

Diesen Stich wiederholen, bis die Naht geschlossen ist.

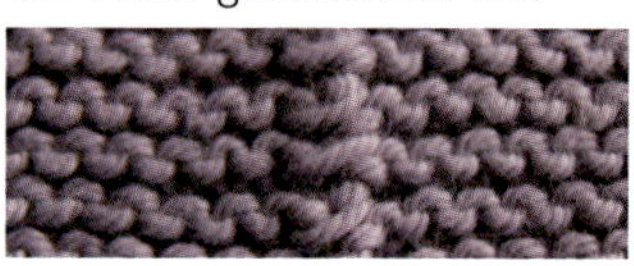

GEHÄKELTE NAHT

Gehäkelte Nähte legen 1 zusätzliche Maschenreihe neben den nach innen umgeschlagenen Nahtrand. Daher fallen sie etwas dicker aus, verleihen einer Naht aber auch besonders gute Stabilität. Führt man die Naht mit Kettmaschen aus, bleibt sie trotz ihrer Stabilität dennoch elastisch.

STRICKRÄNDER ZUSAMMENHÄKELN

Besonders leicht lassen sich zwei Strickränder aneinanderhäkeln, wenn man die Randmaschen zuvor als Kettrand gearbeitet hat. Die Randmaschen fallen dabei lockerer aus. Die Häkelnaht verleiht dem sehr losen Kettrand eine gute Stabilität.

Beide Teile rechts auf rechts aufeinanderlegen. Mit der Häkelnadel von vorne nach hinten durch jeweils 1 Kettrandmasche beider Teile durchstechen, den Faden fassen und durchziehen.

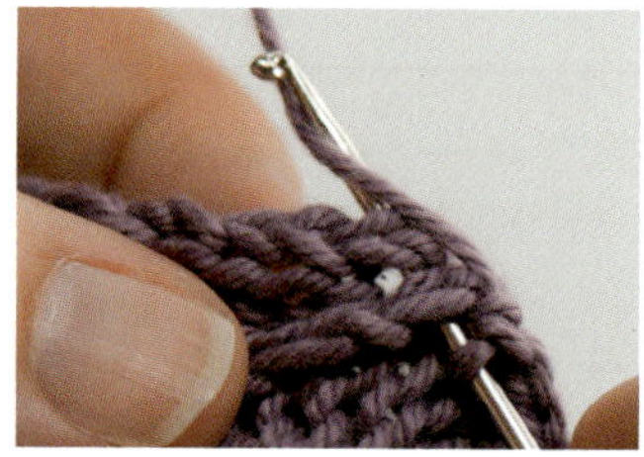

So viele Kettmaschen arbeiten, bis die Naht geschlossen ist.

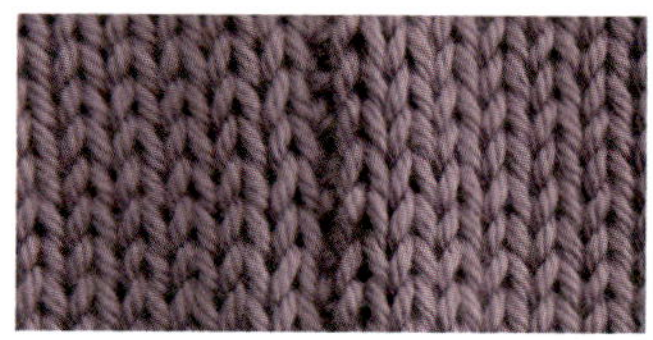

ANSCHLAG- ODER ABKETTKANTEN ZUSAMMENHÄKELN

Die beiden zu verbindenden Strickteile rechts auf rechts aufeinanderlegen. Mit der Häkelnadel von vorne nach hinten durch jeweils 1 Masche beider Teile stechen, den Faden fassen und durchziehen.

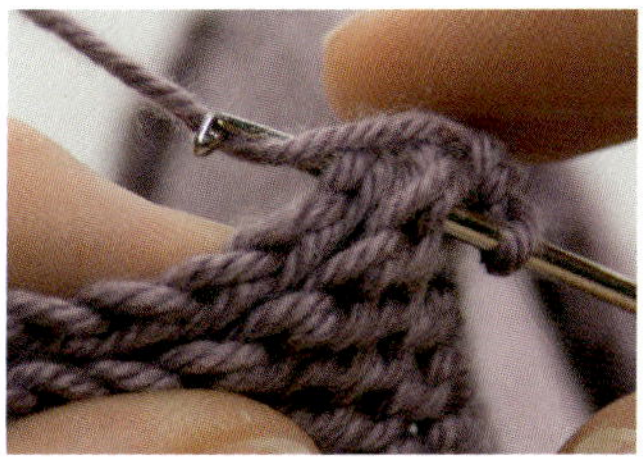

So viele Kettmaschen arbeiten, bis die Naht geschlossen ist.

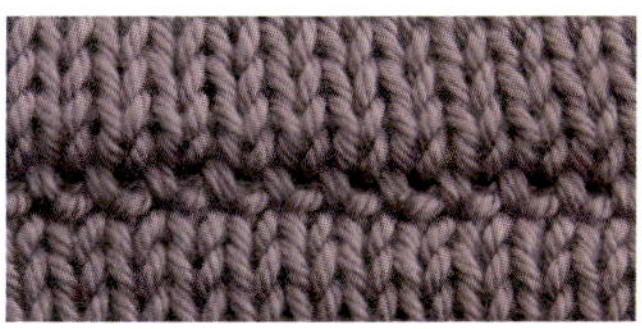

ZUSAMMEN-STRICKEN

Möchte man zwei Abkettkanten miteinander verbinden, wie es z. B. bei Schulternähten der Fall ist, lassen sich die offenen Maschen auch gemeinsam abketten. Die Naht fällt dann besonders flach aus, ist aber doch fest, formbeständig und nicht zu elastisch.

Beide Nadeln mit den offenen Maschen der beiden zu verbindender Strickteile parallel in der linken Hand halten, sodass die Strickteile rechts auf rechts liegen. Beide Teile müssen die gleiche Anzahl an Maschen haben. Der Arbeitsfaden des vorderen Strickteils befindet sich am Reihenanfang, und beide Nadelspitzen weisen nach rechts.

1 Mit der rechten Nadelspitze nacheinander jeweils in die 1. Masche beider Nadeln wie zum Rechtsstricken einstechen, den Faden hinter der hinteren Nadel fassen und beide Maschen gemeinsam rechts abstricken.

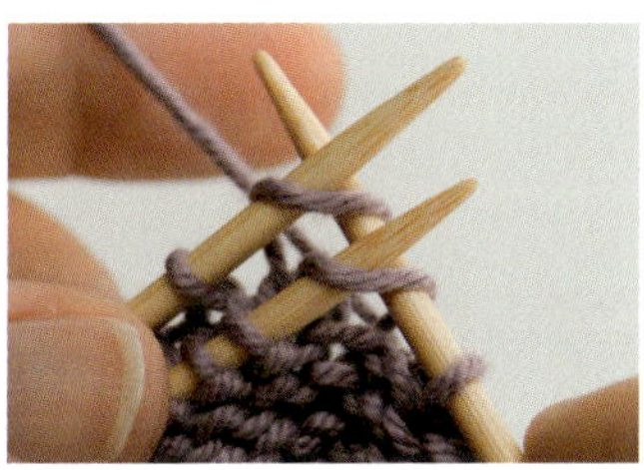

2 Jeweils die 1. Masche beider Nadeln rechts zusammenstricken und mit der linken Nadelspitze die rechte Masche der rechten Nadel über die linke Masche und die rechte Nadelspitze hinweg heben.

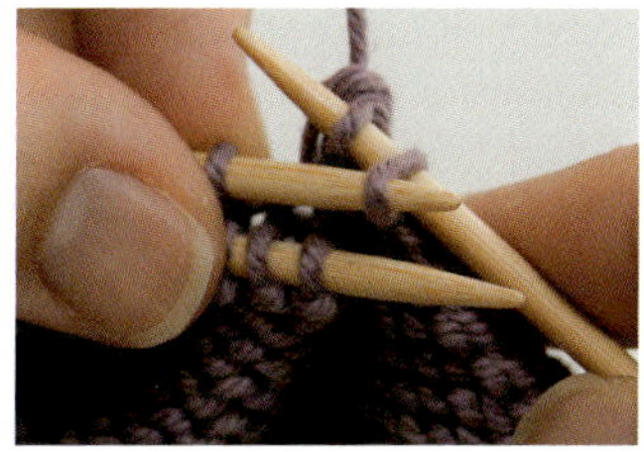

Diesen Schritt so oft wiederholen, bis die Naht geschlossen ist.

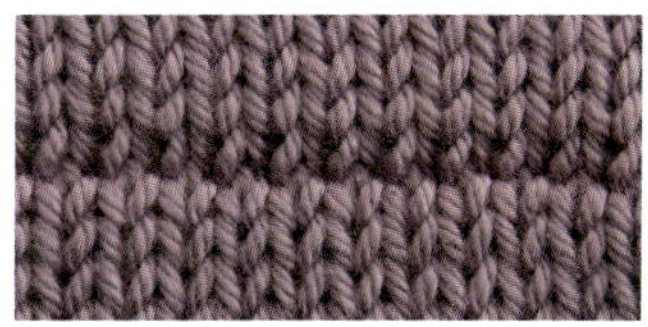

MASCHEN AUFFASSEN

Möchte man an einen Strickrand oder eine Strickkante neue Maschen ansetzen, um das Strickstück in diese Richtung fortzusetzen, um z. B. einen Kragen oder eine Blende an den Halsausschnitt anzustricken, werden dazu neue Maschen aus den Strickrändern aufgefasst. Das Strickteil, an dem neue Maschen aufgefasst werden sollen, liegt mit der Vorderseite nach oben. Das Auffassen neuer Maschen geschieht in Strickrichtung von rechts nach links und kann sowohl mit einer Stricknadel als auch mit einer Häkelnadel ausgeführt werden. In der Regel werden Maschen so aufgefasst, dass sie sich als rechte Maschen in das Maschenbild der Vorderseite einfügen. Konventionell bezeichnet man mit dem „Auffassen" also eigentlich das rechte Auffassen neuer Maschen.

MASCHEN AUS EINER ABKETTKANTE AUFFASSEN

Aus einer Abkettkante werden Maschen aufgefasst, um ein Strickteil in die gleiche Richtung weiterzuarbeiten.

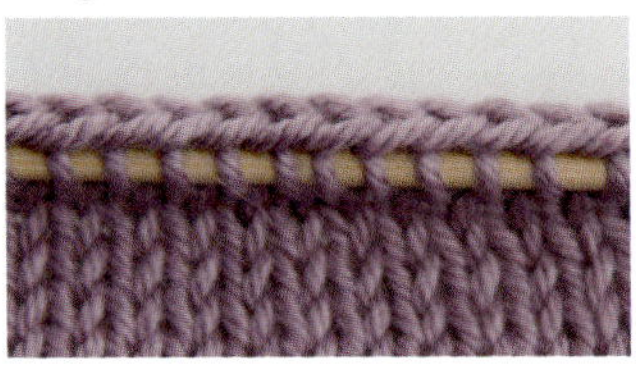

Aus jeder Masche der Abkettreihe wird 1 neue Masche herausgestrickt, sodass die neuen Maschen ohne Versatz genau über den zuvor abgeketteten Maschen liegen. Damit lassen sich genauso viele Maschen auffassen, wie zuvor abgekettet wurden. Die Abkettkante kippt dabei auf die Rückseite der Arbeit.

Mit der Stricknadel von vorne nach hinten in die Masche unter der Abkettkante einstechen, den Faden fassen und durch die Masche ziehen. Darauf achten, in die Maschen einzustechen und nicht in die Lücken neben den Maschen!

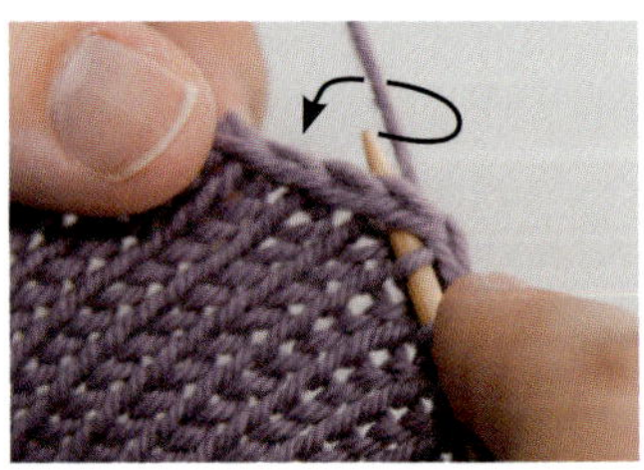

MASCHEN AUS EINER ANSCHLAGKANTE AUFFASSEN

Aus einer Anschlagkante werden Maschen aufgefasst, um das Strickteil in entgegengesetzter Richtung weiterzuarbeiten.

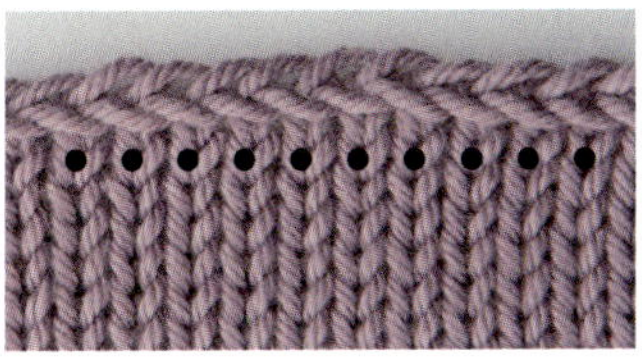

Beim Auffassen neuer Maschen aus einer Anschlagkante stellt man fest, dass sich 1 Masche weniger aus der Anschlagkante herausstricken lässt als ursprünglich angeschlagen wurden. Das liegt daran, dass die ursprünglich angeschlagenen Maschen nun auf dem Kopf stehen. Um die neuen Maschen ins Maschenbild einzupassen, sticht man zwischen die ursprünglichen Maschen und versetzt die neue Maschenreihe um eine halbe Masche. Am rechten und linken Rand geht dadurch jeweils eine halbe Masche verloren. Beim Stricken in Reihen muss aus der Mitte der letzten Randmasche 1 zusätzliche Masche aufgefasst werden.

MASCHEN AUS EINER SEITENKANTE AUFFASSEN (3 AUS 4)

Fasst man neue Maschen aus einem seitlichen Strickrand auf, stehen diese senkrecht zu den Maschen des ursprünglichen Strickteils. Daher gilt auch hier die 3-aus-4-Regel: Wenn 3 Maschen in etwa so breit wie 4 Reihen hoch sind, werden die Maschen in Dreiergruppen aufgefasst.

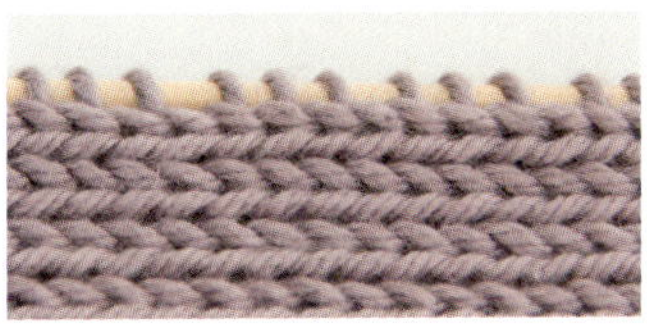

SCHRÄGE UND ABGERUNDETE KANTEN

An schrägen und abgerundeten Strickkanten kombiniert man die bisherigen Prinzipien. Aus jeder Masche also wieder 1 neue Masche, aus 4 Reihen 3 neue Maschen herausstricken und für jede Zu- oder Abnahme jeweils 1 Masche zusätzlich auffassen.

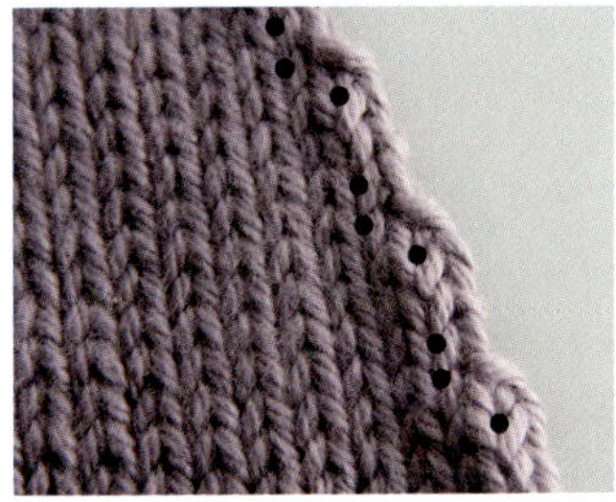

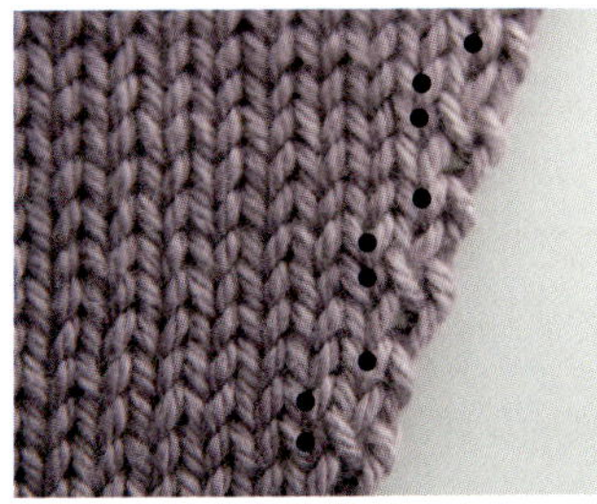

Die Maschen jeweils nach 1 vollständigen Randmasche auffassen. Zunahme- und Abnahmestellen um mindestens eine halbe Masche und eine ganze Reihe umgehen.

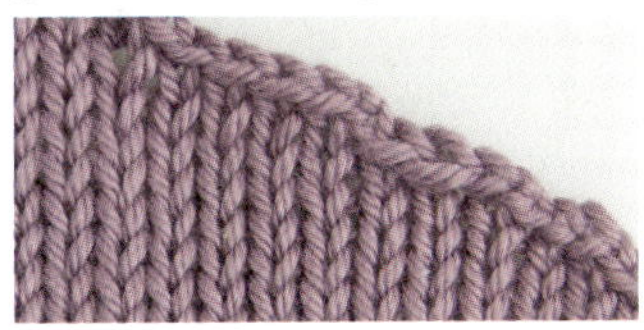

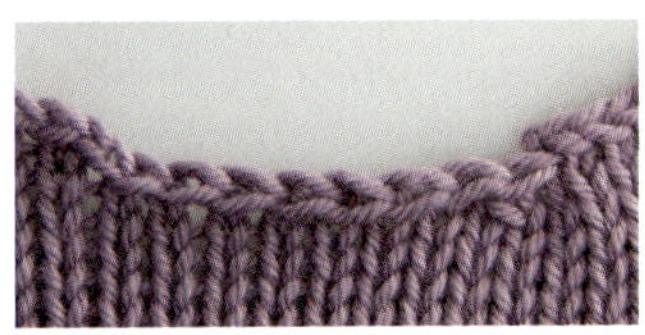

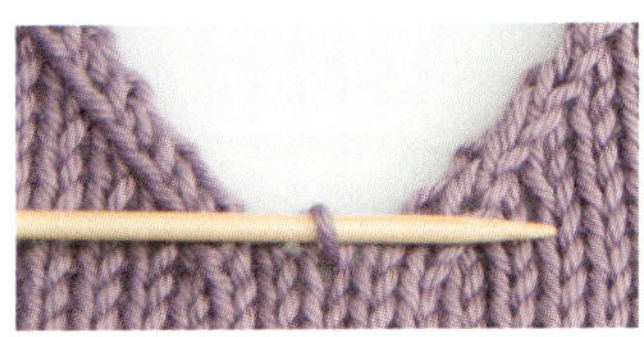

IN RUNDEN STRICKEN

Während man beim Stricken in Reihen die Arbeit an jedem Reihenende wendet, arbeitet man in Runden ohne seitliche Strickränder. Kleidungsstücke wie Socken, Handschuhe oder Mützen lassen sich nahtlos stricken. Beim Rundstricken werden also weder Rückreihen noch Randmaschen gearbeitet, man hat zu jeder Zeit die rechte Seite vor Augen und kann alle Maschen so abstricken, wie sie im Maschenbild erscheinen. Zum Rundstricken müssen beide Enden einer Reihe zusammengefügt werden.

RÄUMLICHE FORMEN

Die einfachste rundgestrickte Form ist ein nahtloser Schlauch. Dazu arbeitet man in Runden gerade hoch, die Zahl der Maschen bestimmt den Umfang des Schlauchs.

Zunahmen und Abnahmen können gleichmäßig in einer Runde verteilt oder – z. B. bei rundgestrickten Ärmeln – um den Rundenwechsel herum platziert werden. Arbeitet man Zunahmen oder Abnahmen an immer der gleichen Stelle in Runden übereinander, lassen sich Abnäher in Rundgestricktes arbeiten. Auf diese Weise kann man beispielsweise die Rundpasse eines Pullovers ausformen oder die Maschenzahl einer Mütze für die obere Mitte bis auf wenige Maschen reduzieren.

ARBEITEN MIT RUNDSTRICKNADEL UND NADELSPIEL

Je nachdem, wie viele Maschen in der Runde gestrickt werden sollen, werden die Maschen auf einer Rundstricknadel gestrickt oder auf mehrere Spiel- oder Rundstricknadeln verteilt. Die Maschen schlägt man dazu am besten gleich in der passenden Verteilung an.

VERTEILUNG DER MASCHEN AUF EINER PASSENDEN RUNDSTRICKNADEL

Schläuche mit einem Umfang von 50 cm oder mehr können auf einer Rundstricknadel gearbeitet werden. Dabei sollte der Umfang des zu strickenden Schlauches um mindestens 10 cm länger sein als die Länge der Rundstricknadel, damit sich die Maschen zum Stricken noch gut auf der Nadel bewegen lassen.

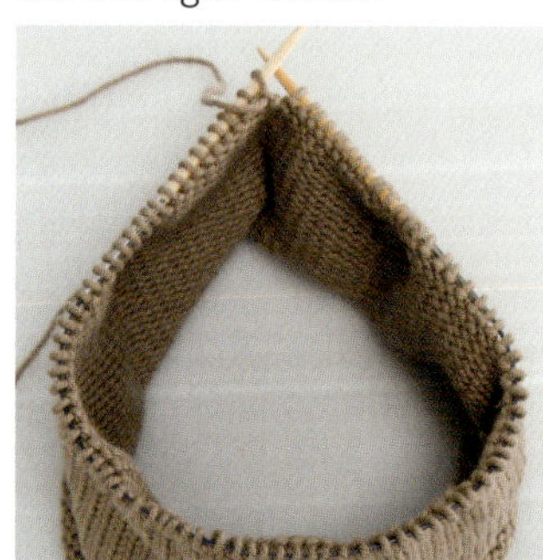

Die Maschen können wie gewohnt angeschlagen werden. Nach der letzten Anschlagmasche schließt man die Reihe zur Runde, indem man beide Nadelspitzen derselben Rundstricknadel zusammenführt und mit der rechten Nadelspitze die 1. angeschlagene Masche abstrickt.
Das Ende des Anschlagfadens markiert die Stelle, an der eine neue Runde beginnt. Da aber schon nach wenigen Runden dieser Übergang nicht mehr leicht erkennbar ist, kann man nach dem Stricken der letzten Masche der Runde einen Maschenmarkierer auf die Nadel hängen. Der Markierer wird vor dem Stricken der 1. Masche von der linken auf die rechte Nadel gehoben. Werden im weiteren Verlauf so viele Zunahmen gearbeitet, dass sich die Maschen nicht mehr bequem auf der Rundstricknadel stricken lassen, wechselt man zu einer längeren Nadel.
Wenn sehr viele Abnahmen nötig sind, sodass man die Maschen weit auseinanderziehen muss und nicht mehr bequem abstricken kann, muss man auf eine kürzere Nadel wechseln. Bei weniger als 30 cm Umfang verwendet man ein Nadelspiel.

MAGIC-LOOP-METHODE

Ist der Umfang des zu strickenden Schlauches zu gering, um die Maschen auf einer passenden Rundstricknadel zu verteilen, aber noch zu groß für ein Nadelspiel, verwendet man eine deutlich längere Rundstricknadel und zieht nach der Hälfte der Maschen eine Schlaufe des flexiblen Kunststoffseils zwischen den Maschen heraus. Diese Schlaufe wird auch als „Zauberschlinge" oder „Magic Loop" bezeichnet.

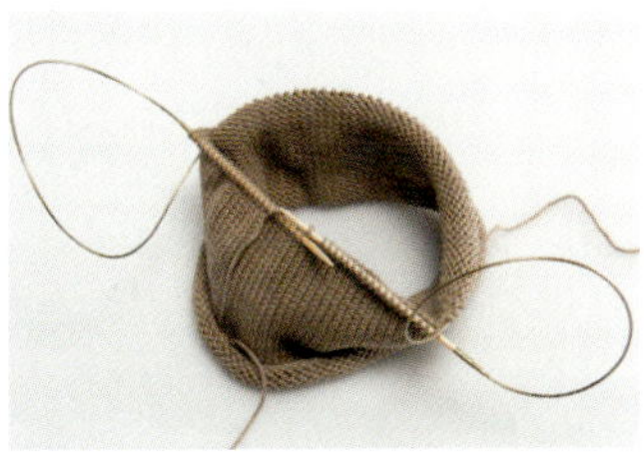

1 Bis zur Schlaufe stricken.

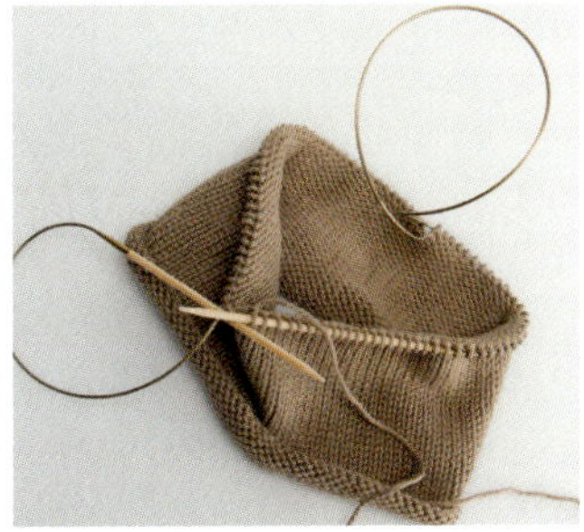

2 Die folgenden Maschen auf die linke Nadelspitze schieben, die rechte Nadelspitze ein Stück herausziehen, sodass sich das rechte Nadelseil beim Stricken der 1. Masche wieder zu einer Schlaufe legt und die 1. Masche abstricken.

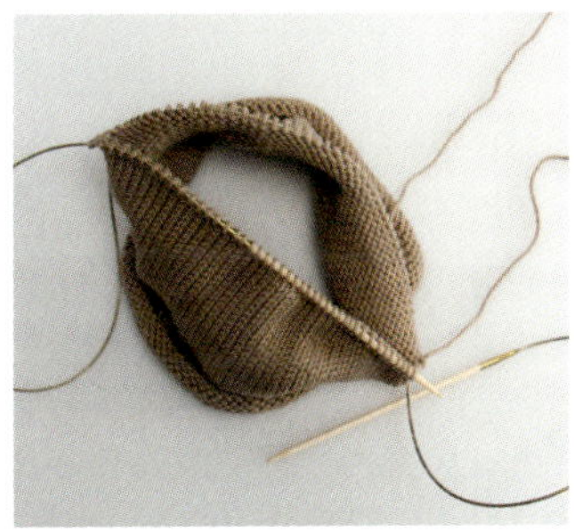

ARBEITEN MIT 2 RUNDSTRICK-NADELN

Für den Maschenanschlag auf 2 Rundstricknadeln wird zunächst die Hälfte der Maschen auf der 1. Rundstricknadel wie üblich angeschlagen, man wechselt auf die 2. Rundstricknadel und lässt die 1. Nadel frei hängen. Zieht man den Faden der 1. Masche auf der 2. Nadel gut an, lässt sich später kein Übergang in der Anschlagkante erkennen.

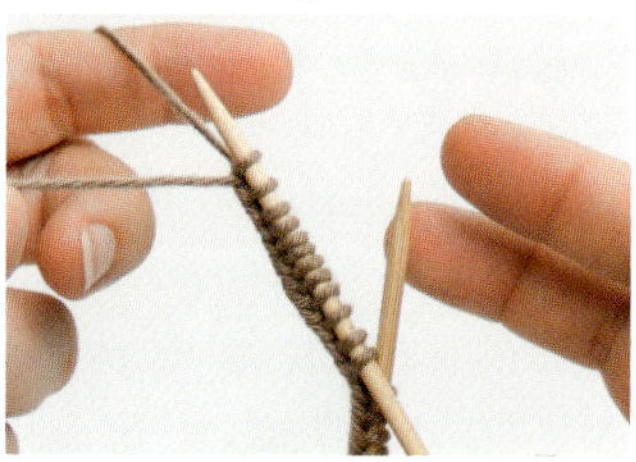

Die Anschlagkante wird zur Runde geschlossen, indem die Anschlagmaschen der 1. Nadel auf die linke Nadelspitze geschoben und mit der rechten Spitze derselben Nadel abgestrickt werden. Die Maschen der 2. Rundstricknadel dazu auf das Seil schieben und den Arbeitsfaden gut anziehen. Beim Rundenschluss darauf achten, dass sich die Anschlagkante nicht verdreht! Jede Maschenhälfte wird immer mit den beiden Nadelspitzen derselben Rundstricknadel gestrickt, die Nadelspitzen der 2. Rundstricknadel ruhen. Die Maschenhälfte, die gerade nicht gestrickt wird, schiebt man auf das Seil der ruhenden Rundstricknadel, sodass sich das Strickstück zur Runde legen kann.

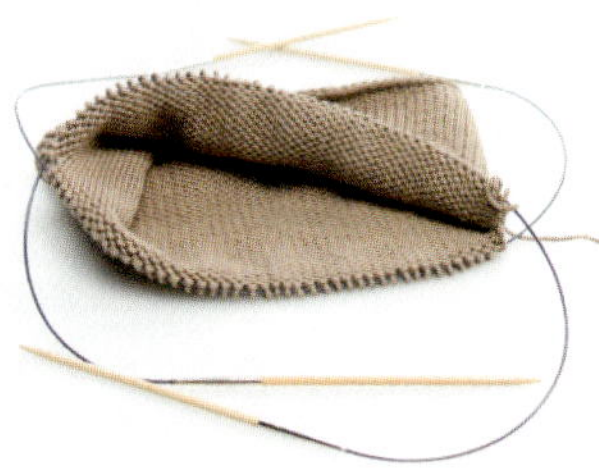

ARBEITEN MIT DEM NADELSPIEL

Schläuche mit einem Umfang bis maximal 30 cm lassen sich auf einem Nadelspiel arbeiten. Beim Maschenanschlag wird gleich die entsprechende Anzahl Maschen auf jeder Spielnadel angeschlagen. Zum Wechsel auf die nächste Spielnadel lässt man die vorhergehende Nadel frei hängen. Den Arbeitsfaden an den Nadelübergängen gut anziehen und beim Rundenschluss kontrollieren, dass sich die Anschlagkante nicht verdreht hat. Je nach Vorliebe und Mustereinteilung verteilt man die Maschen auf 3 oder auf 4 Spielnadeln. Mit einer weiteren freien Nadel werden jeweils die Maschen der folgenden Spielnadel ab gestrickt. Die dadurch freiwerdende Nadel wird gleich wieder zum Abstricken der nächsten Maschen genutzt.

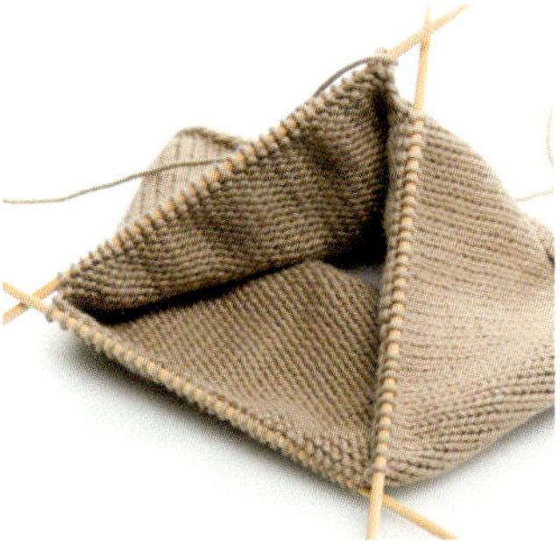

Schlauch auf 3 Spielnadeln

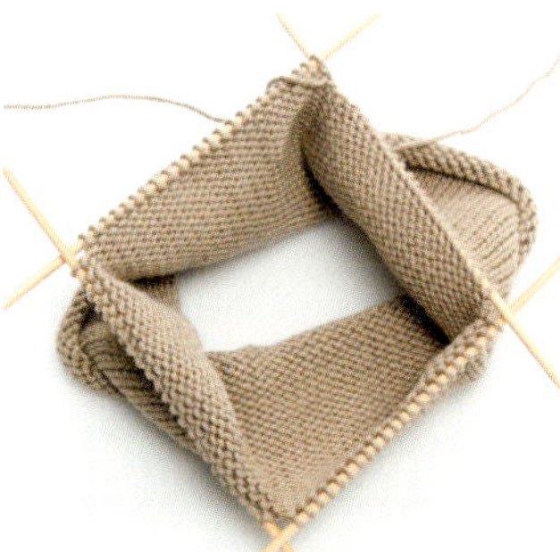

Schlauch auf 4 Spielnadeln

MASCHENPROBE BEI RUNDGESTRICKTEM

Häufig werden rechte Maschen lockerer oder fester gestrickt als linke Maschen. Dann fällt die Maschenprobe von glatt rechts in Reihen Gestricktem anders aus als die von Rundgestricktem. Wird eine genaue Maschenprobe für Rundgestricktes benötigt, lässt sich das Probestück mithilfe einer Rundstricknadel auch mit weniger Aufwand in Reihen erstellen, wenn man den Arbeitsfaden nach jeder rechtsgestrickten Hinreihe in ca. 15 cm Länge abschneidet, die Maschen wieder auf die rechte Spitze der Rundstricknadel schiebt und erneut eine rechte Hinreihe arbeitet. Auf diese Weise werden nur rechte Maschen für die Maschenprobe gearbeitet.

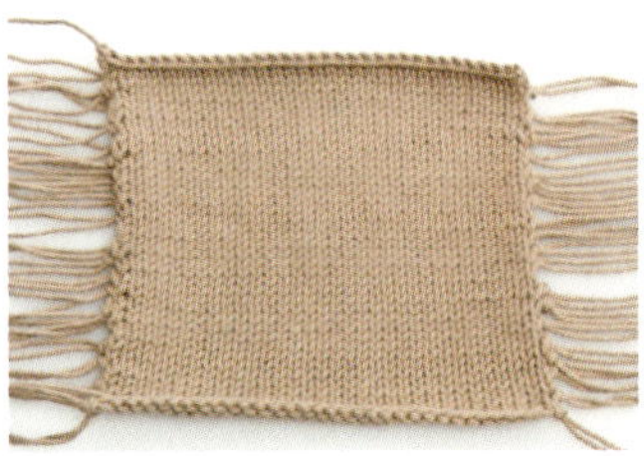

STUFEN IN ANSCHLAG- UND ABKETTKANTE

Da man beim Rundstricken nicht ring-, sondern spiral förmig arbeitet, treten in der Anschlag- und in der Abkettkante jeweils zwischen 1. und letzter Masche der Runde kleine Stufen auf. Sie können beim Vernähen von Anschlag- und Abkettfaden einfach ausgeglichen werden.

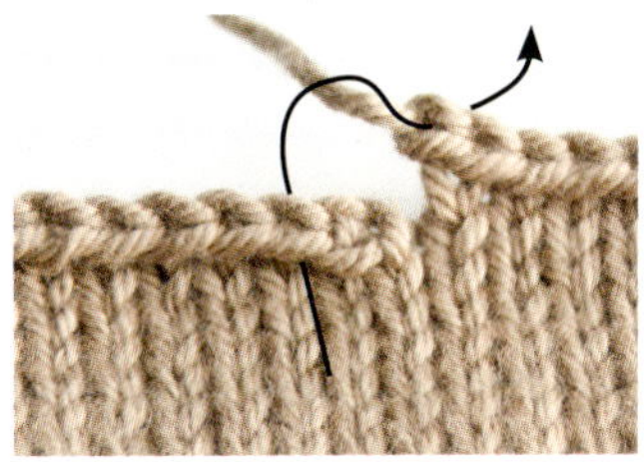

Abkettstufe

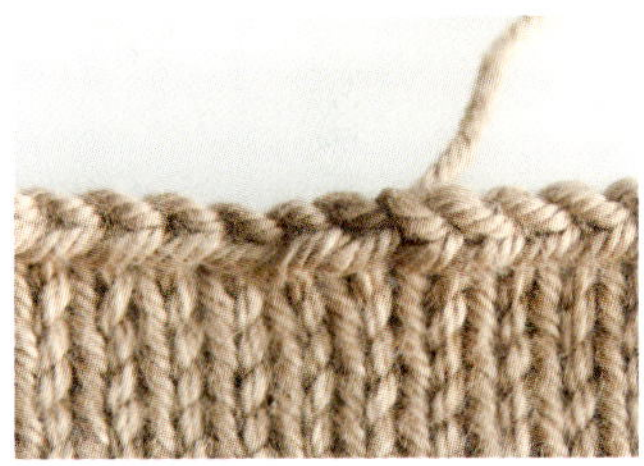

Geschlossene Stufe

MEHRFARBIG STRICKEN

Das Stricken mit Garnen in unterschiedlichen Farben eröffnet vielfältige Möglichkeiten, Strickmodelle in individuellen Farbkombinationen zu gestalten.

HORIZONTALE STREIFEN

Das einfachste Muster mit zwei oder mehr verschiedenfarbigen Garnen sind horizontale (waagerechte) Streifen. Die Höhe der einzelnen Streifen wird durch die Anzahl an Reihen bestimmt, die jeweils mit einer Farbe gestrickt werden. Einen Farbwechsel nimmt man immer nur zu Beginn einer neuen Reihe oder Runde vor. Fantasievolle Effekte lassen sich erzielen, indem man Reihenzahl, Farbfolge, Strickmuster, Stärke, Struktur oder Materialzusammensetzung der Garne variiert.

FADENENDEN BEI STREIFENMUSTERN

Für gleichmäßige Farbstreifen wechselt man erst zu Beginn der folgenden Reihe zur nächsten Farbe.

Sollen die Ränder anschließend in eine Naht eingenäht werden, gelingen die Farbübergänge dabei am schönsten, wenn man die Randmasche nach dem Wenden mit beiden Farben gleichzeitig strickt. Wird dabei ein Garn neu angesetzt, kann man beide Fäden lose miteinander verknoten.

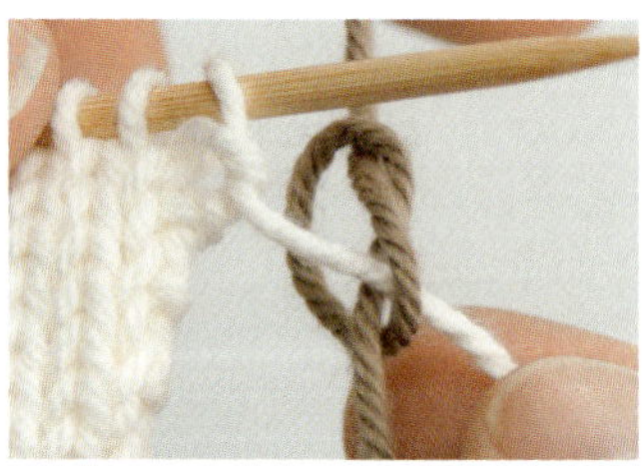

Arbeitet man mit Garnen mit einem hohen Wollanteil bietet es sich auch an, das Fadenende gleich mit einzuweben (> Seite 19).

Das Garn einer Farbe muss nicht nach jedem Streifen abgeschnitten und für den nächsten Streifen neu angesetzt werden. Besonders bei Nahträndern kann man die Farbe, die für den gerade gestrickten Streifen nicht benötigt wird, einfach am Rand mit hochführen und in jeder 2. Reihe mit dem Arbeitsfaden verdrehen.

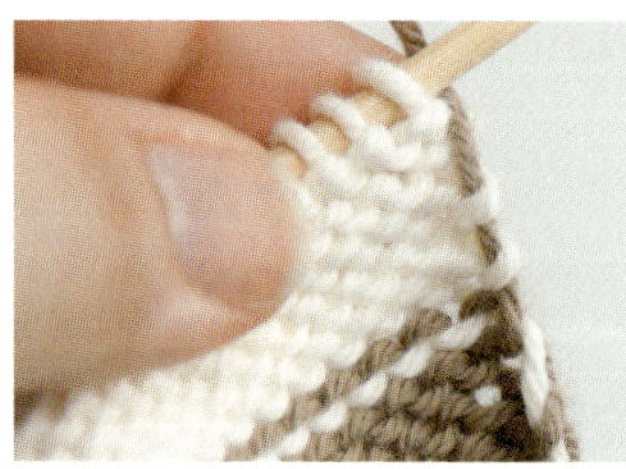

HORIZONTALE STREIFEN BEIM RUNDSTRICKEN

Strickt man horizontale Streifen in Runden, so stellt man fest, dass sich die Streifen oder Ringel am Rundenwechsel gegeneinander verschieben und deutlich sichtbare Treppchen entstehen. Bei Socken können diese Treppen mittig unter der Sohle und am hinteren Bein gearbeitet werden, wo sie nicht stark auffallen.
Ganz lassen sich die Treppchen allerdings nicht vermeiden, sondern mit ein paar Tricks allenfalls in der Höhe reduzieren. Besonders bei breiten Streifen über mehr als 4 Runden ist es hilfreich, die 1. Masche einer neuen Runde mit einer neuen Farbe um 1 Reihe tiefer zu stechen, um den Sprung von der unteren in die obere Runde etwas sanfter zu gestalten.
Noch effizienter ist es, die 1. Masche ungestrickt abzuheben und die 2. Masche der neuen Runde tiefer zu stechen, bevor dann ab der 3. Masche alle Maschen wie üblich in der neuen Farbe abgestrickt werden.

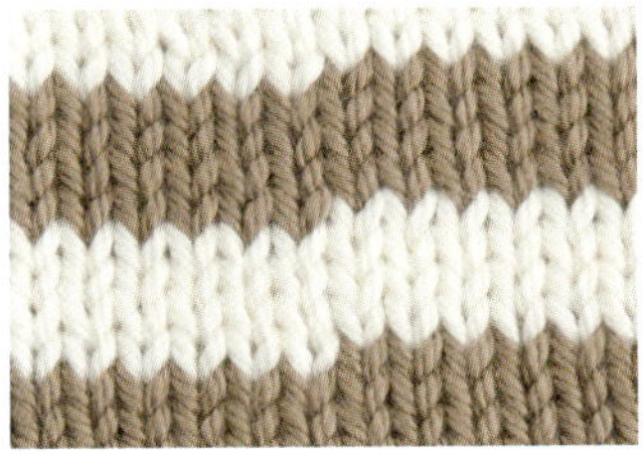

Rundenwechsel mit Treppchen

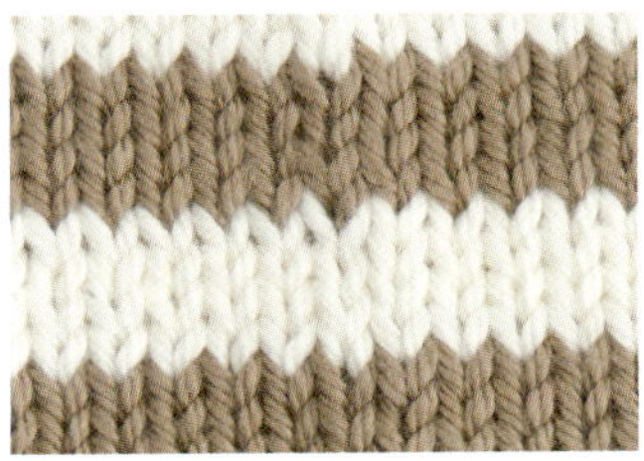

Rundenwechsel mit tiefergestochener Masche

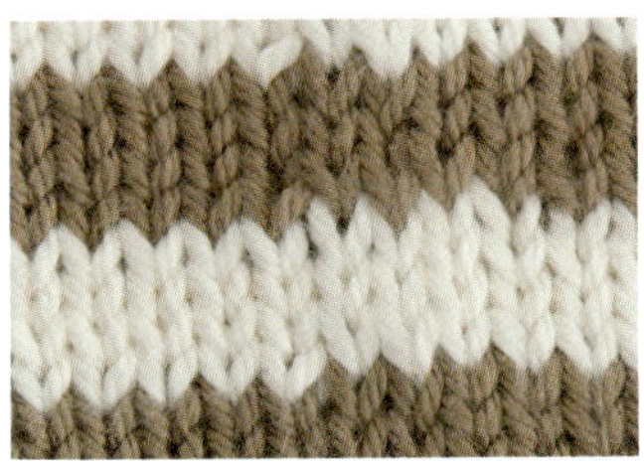

Rundenwechsel mit abgehobener Masche

MOSAIKTECHNIK

Die Mosaiktechnik bietet die Möglichkeit, mehrfarbige Muster nach Zählmuster zu stricken, ohne dabei mit mehr als einer Farbe pro Reihe arbeiten zu müssen. Dabei kombiniert man das Prinzip der horizontalen Streifen, die hier mit 2 Farben über jeweils 2 Reihen gearbeitet werden, mit dem Prinzip der Hebemaschen. Da man zur Musterung durch Hebemaschen eine Masche der entsprechenden Farbe in der unteren Reihe benötigt, unterliegen Mosaikmuster einigen geometrischen Einschränkungen, sodass sie oft statisch und konstruiert wirken.

ZÄHLMUSTER

Jede horizontale Reihe eines Zählmusters steht für 2 gestrickte Reihen, jeweils 1 Hin- und 1 Rückreihe. Im klassischen Mosaikmuster werden beide Reihen mit gleicher Farbe und gleicher Musterung gearbeitet. Damit erscheinen die Maschen kraus rechts und das Muster später dicht und körnig. Arbeitet man nach gleichem Prinzip die Maschen in den Hinreihen rechts und in den Rückreihen links, erscheint das mehrfarbige Muster später glatt rechts. Einige leicht vergrößerte Maschen ziehen sich in der Regel nach dem ersten Waschen oder Dämpfen auf die Größe der übrigen Maschen zusammen. Das Zählmuster wird wie üblich für alle Hinreihen von rechts nach links und für alle Rückreihen von links nach rechts gelesen. Es finden sich dort nur Informationen über die Verteilung der Farben, nicht über die Art, wie die Maschen gestrickt werden sollen. Jedes Muster kann demnach in kraus rechts oder glatt rechts gearbeitet werden.

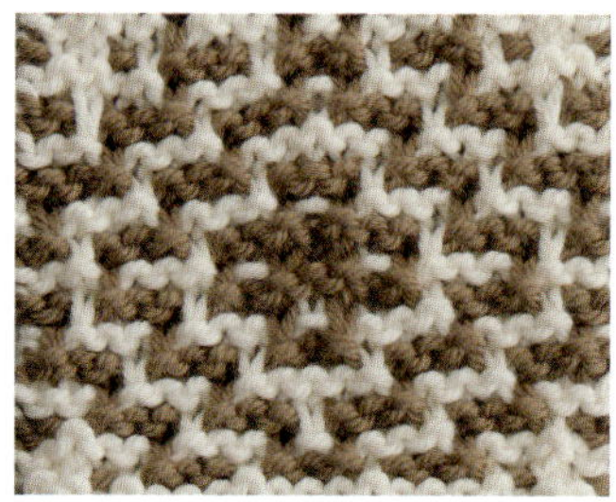

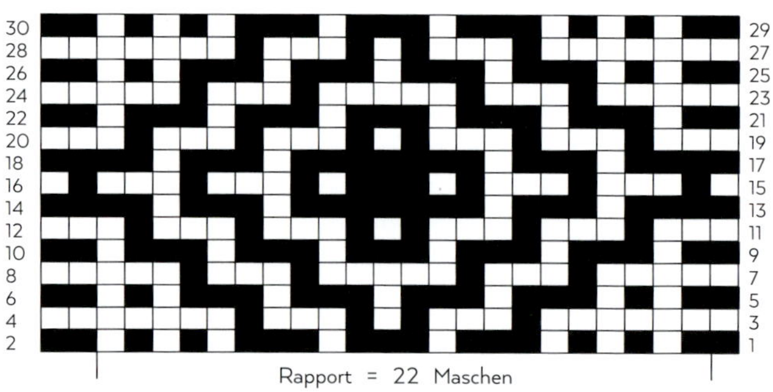

RANDMASCHEN BESTIMMEN DIE FARBE DER FOLGENDEN 2 REIHEN

In Mosaikmustern wechseln sich immer 2 Reihen einer Farbe mit 2 Reihen einer Kontrastfarbe ab. Die Randmaschen zeigen an, in welcher Farbe die gesamte Reihe gearbeitet wird. Eine Reihe, deren 1. Kästchen ein Symbol für Farbe A trägt, wird nur mit dem Garn der Farbe A gearbeitet. Der Faden der zweiten Farbe hängt währenddessen lose am rechten Strickrand.

MOSAIKMUSTER STRICKEN

Für das klassische Mosaikmuster werden nun alle Maschen, die im Zählmuster das Symbol für Farbe A zeigen, sowohl in der Hin- wie auch in der folgenden Rückreihe rechtsgestrickt, während die Maschen mit dem Symbol für die Kontrastfarbe ungestrickt wie zum Linksstricken abgehoben werden.

Für das glatt rechte Mosaikmuster strickt man für jedes Kästchen mit dem Symbol für Farbe A die Maschen der Farbe A in der Hinreihe rechts und in der Rückreihe links und hebt alle Maschen der Farbe B ebenfalls ungestrickt ab.

Man endet wieder am rechten Strickrand und kann dort den Faden einmal mit dem Faden der folgenden Farbe verdrehen, bevor diese für die nächsten 2 Reihen verstrickt wird.

ÜBERGANG ZUM MOSAIKMUSTER

Da in der 1. Hinreihe bereits Maschen der Kontrastfarbe abgehoben werden müssen, fügen sich Mosaikmuster besser in einen Übergang von Bündchen oder einfarbig Gestricktem ein, wenn man zuvor mindestens 2 Reihen einfarbig dem Muster entsprechend glatt oder kraus rechts in der Farbe strickt, die für die 3. und 4. Reihe benötigt wird, sodass sie durch Abheben bereits zum Mustern der folgenden 2 Reihen zur Verfügung steht.

INTARSIEN

Die Intarsientechnik ermöglicht es, bei größeren Farbflächen oder Motiven jede Fläche mit einem eigenen Faden zu stricken, sodass keine langen Spannfäden entstehen. Beim Übergang von einer zur anderen Farbe werden beide Fäden miteinander verkreuzt, damit keine Löcher entstehen. Auf der Vorderseite wird das Verkreuzen der Maschen nicht sichtbar. In der Regel werden mithilfe der Intarsientechnik glatt rechtsgestrickte Farbflächen verbunden. Es lassen sich aber auch Farbflächen verbinden, die in anderen Strickmustern gearbeitet werden. Wichtig ist, dass die Maschenproben aller Garne und Farbflächen übereinstimmen.

GARN VORBEREITEN

Wird pro Garnfarbe nur eine Farbfläche gearbeitet, ist es möglich, diese direkt aus dem Garnknäuel zu arbeiten. Finden sich in einem Muster aber mehr Farbflächen einer Farbe, als Knäuel zu Verfügung stehen, wickelt man eine passende Garnmenge zu einem kleinen Knäuel.

Um abzuschätzen, wie viel Garn für eine Farbfläche benötigt wird, überschlägt man die Anzahl an Maschen und rundet so auf, dass sie durch 20 teilbar ist.

Dann wickelt man das Garn 20x um die Stricknadel und misst diese Strecke so oft ab, wie zuvor berechnet. Anschließend noch einmal ca. 50 cm Garn zur Sicherheit zugeben, den Faden abschneiden und aufwickeln.

Praktische Mini-Knäuel, bei denen man das Garn aus der Mitte ziehen kann, wickelt man so:

1 Das Fadenende mit Ring- und Mittelfinger der linken Hand halten und das Garn in Form einer Acht um linken Zeigefinger und Daumen legen, bis noch etwa 20 cm des Fadens übrig sind.

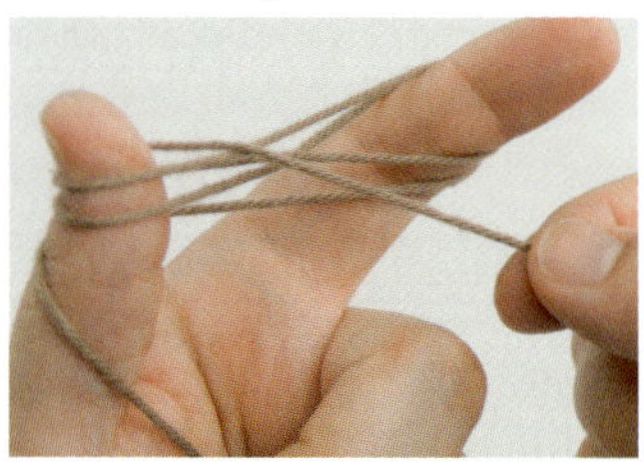

2 Die Schlaufen von Daumen und Zeigefinger heben, dabei die Mitte der Acht mit den Fingern fixieren, sodass sie nicht verrutscht. Das freie Garnende, das zuvor von Ring- und Mittelfinger gehalten wurde, muss weiterhin freiliegen. Die letzten 20 cm des Fadens um die Mitte des Knäuels wickeln und mit einer einfachen Schlinge verknoten.

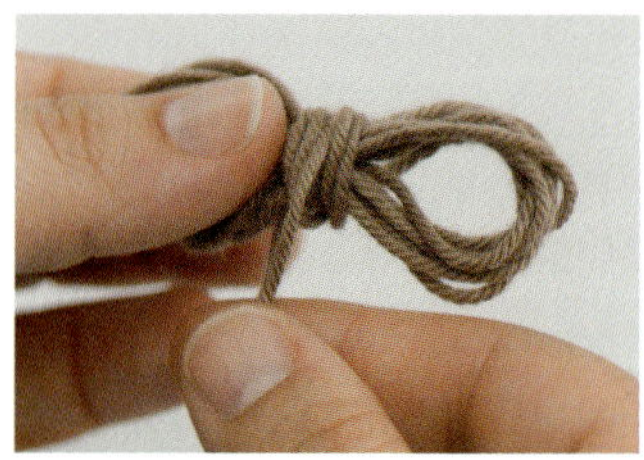

Zum Abstricken des Knäuels den Faden vorsichtig aus der Knäuelmitte herausziehen und verstricken. Möglichst nur so viel herausziehen, wie zum Stricken der nächsten Maschen benötigt wird, sodass das Restknäuel wieder kurz auf der Rückseite hängen kann.

ANSETZEN EINER NEUEN FARBE

Soll eine Farbe mitten in einer Reihe neu angesetzt werden, kann man das Fadenende bereits 10 bis 15 Maschen vor Erreichen der Ansatzstelle in die folgenden Maschen einweben (> Seite 19). Andernfalls muss das Fadenende später auf der Rückseite der Arbeit vernäht werden. Für einen guten Verbund der ersten Masche in der neuen Farbe im Maschenbild ist es notwendig, den Faden der letzten Farbe einmal um das neu anzusetzende Garn herumzulegen. Ohne diese zusätzliche Schlinge würde ein Loch entstehen.

FARBWECHSEL IN DER INTARSIEN-TECHNIK

Der Farbwechsel und die Verbindung der einzelnen Farbflächen geschehen im Prinzip immer auf die gleiche Weise. Vor dem Stricken der 1. Masche in der neuen Farbe werden beide Fäden 1x umeinandergelegt. Diese Schlinge entspricht im einfarbig Gestrickten dem Querfaden zwischen 2 Maschen. Fällt dieser Querfaden zu kurz aus, ziehen sich die beiden Maschen stark zusammen, die Maschen über dieser Stelle erscheinen verdickt, und das Maschenbild wird sehr ungleichmäßig. Beide Fäden nach dem Verkreuzen also nicht zu fest anziehen!

FARBWECHSEL AN SENKRECHTEN FARBFLÄCHEN

In allen Hin- und Rückreihen beim Farbwechsel beide Fäden 1x gegen den Uhrzeigersinn umeinander herumlegen und die folgende Masche mit der neuen Farbe dem stricken.

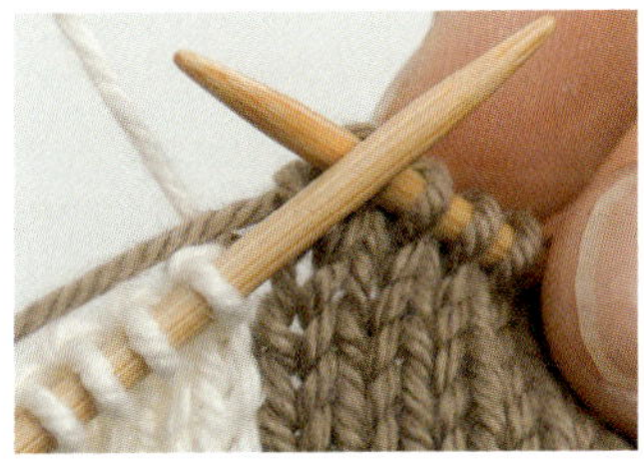

Hinreihe

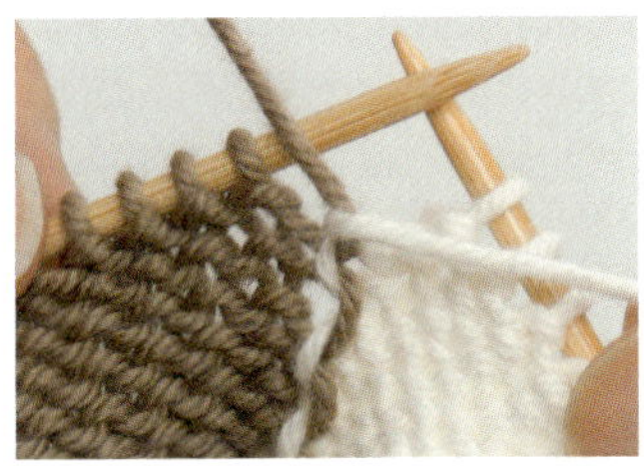

Rückreihe

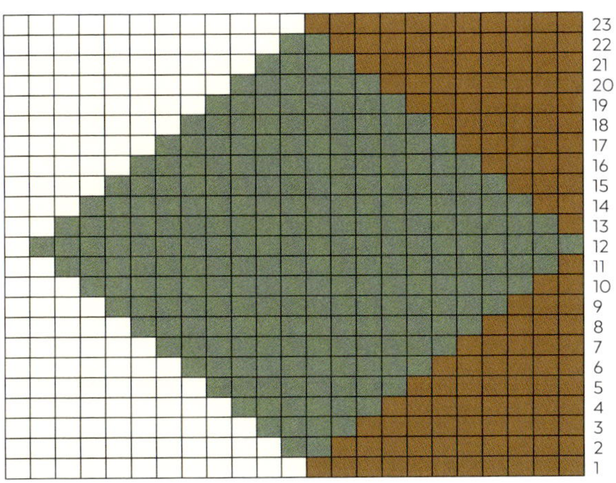

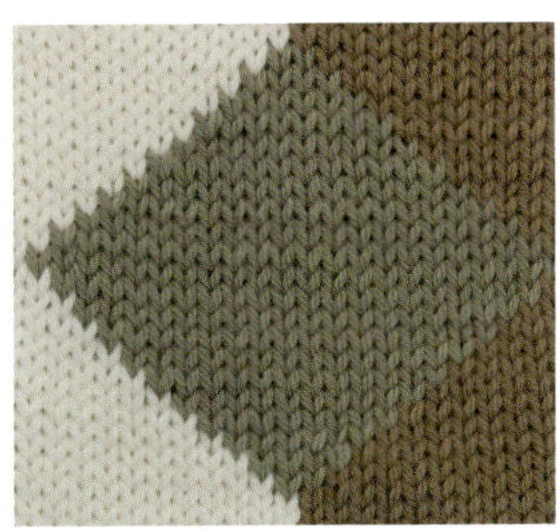

JACQUARD-TECHNIK

Das Stricken mit zwei oder mehr Farben pro Reihe oder Runde hat in vielen Ländern der Erde Tradition. Daher haben diese Muster verschiedene Namen wie Jacquard-, Norweger-, Fair-Isle- oder einfach Einstrickmuster. Überwiegend werden solche farbig eingestrickten Muster glatt rechts gearbeitet, sodass nach einem Zählmuster gestrickt werden kann: Die farbigen Kästchen oder Symbole geben an, in welcher Farbe glatt rechtsgestrickt wird. In Jacquardtechnik Gestricktes fällt in der Regel schmaler aus als einfarbig glatt rechts Gestricktes und ist auch weniger elastisch. Daher sollte man Maschenproben sehr sorgfältig anfertigen.

EINFACHE FADENHALTUNG ALLER FÄDEN ÜBER DEM LINKEN ZEIGEFINGER

Insbesondere beim Stricken mit 2 Fäden bietet es sich an, beide Fäden gemeinsam wie beim Stricken mit einem Faden über den linken Zeigefinger zu legen und die Fadenspannung je nach Belieben noch einmal mit einer Schlaufe um einen weiteren Finger zu regulieren.

Werden mit einer der beiden Farben deutlich mehr Maschen gestrickt als mit der anderen, wird mehr von diesem Garn verbraucht, und der Faden zieht sich straffer um den Zeigefinger als der 2. Faden.
Diese Fadenhaltung erlaubt in diesem Fall einen schnellen Spannungsausgleich der beiden Fäden, indem man sie von der Hand fallen lässt und wieder aufnimmt.

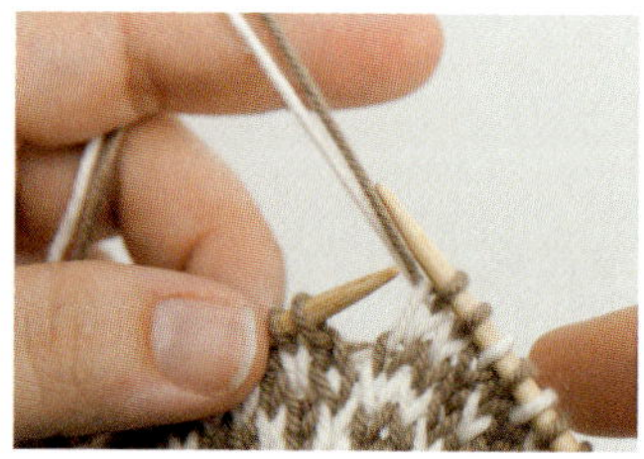

Beide Fäden über dem linken Zeigefinger (Hinreihe)

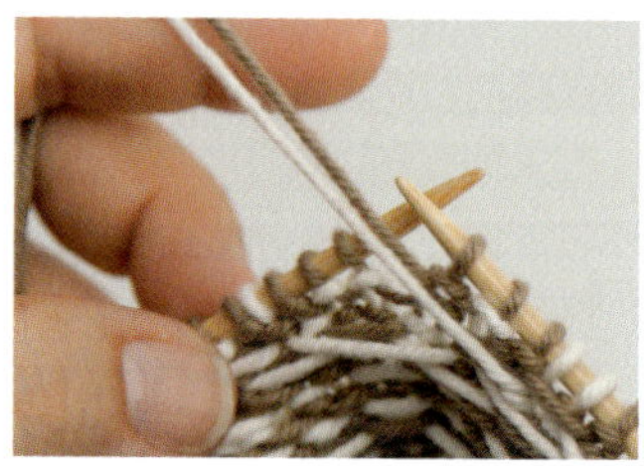

Beide Fäden über dem linken Zeigefinger (Rückreihe)

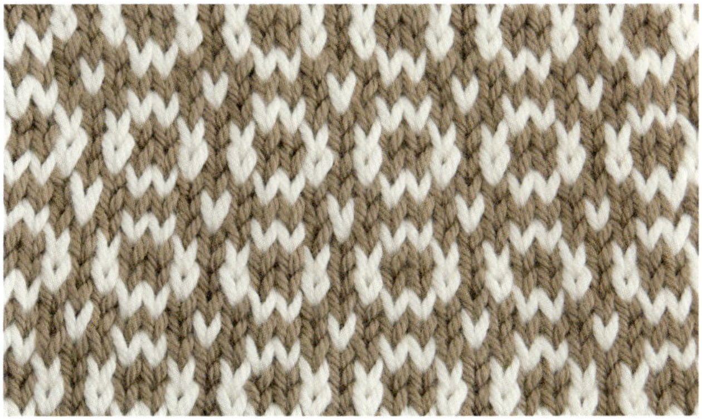

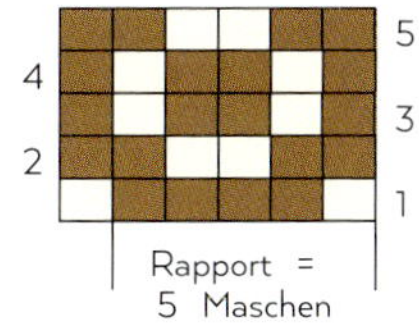

FADENHALTUNG AUF BEIDEN HÄNDEN

Zum beidhändigen Stricken legt man je eine Farbe auf einen der beiden Zeigefinger. So vermeidet man ein Verdrehen. Der Faden auf dem linken Zeigefinger wird wie üblich abgestrickt und akzentuiert auf der Vorderseite die Hauptfarbe. Der Faden auf dem rechten Zeigefinger muss zum Abstricken um die Arbeitsnadel herumgeführt werden. Damit liegt der Spannfaden über dem des linken Fadens, und die Farbe auf der rechten Hand tritt auf der Vorderseite des Musters als Kontrastfarbe zurück.

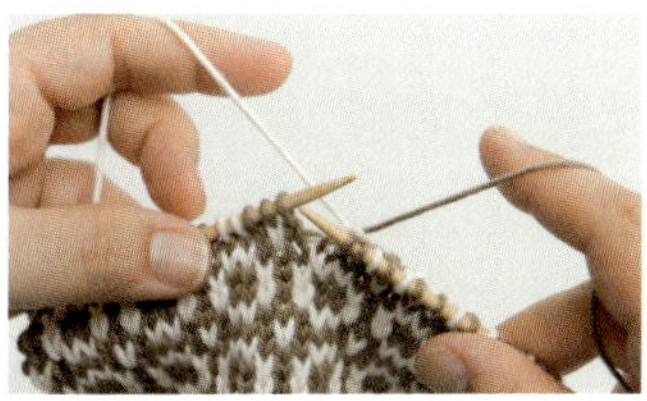

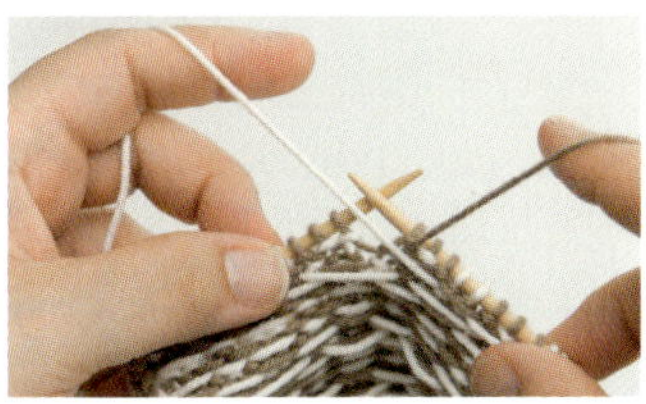

Durch die starke Trennung beider Fäden ist mit dieser Fadenhaltung aber auch ein Einweben der rückwärtigen Fäden sehr gut möglich, da jederzeit sichtbar ist, ob die Arbeitsnadel über oder unter der gerade nicht benötigten Farbe entlanggeführt werden muss.

FÄDEN AUF DER RÜCKSEITE

Während mit der Arbeitsfarbe nach Zählmuster gestrickt wird, führt man alle nicht in Arbeit befindlichen Fäden bis zum nächsten Farbwechsel locker auf der Rückseite mit. Dabei sollten die Fäden gleichmäßig angezogen werden.

Werden die Spannfäden auf der Rückseite der Arbeit zu fest angezogen, erscheinen die Maschen beim Farbwechsel auffallend klein, und das Gestrick wellt sich an dieser Stelle. Zieht man die Spannfäden dagegen nicht genügend an, bilden sich Schlaufen auf der Rückseite, in denen man leicht hängen bleibt. Im Maschenbild zeigen sich vergrößerte Maschen.

SPANNFÄDEN

Als Spannfäden bezeichnet man die Maschen auf der Rückseite von Jacquardgestricktem, wenn sie als lose Fadenflottierung bis zum nächsten Farbwechsel mitgeführt werden.

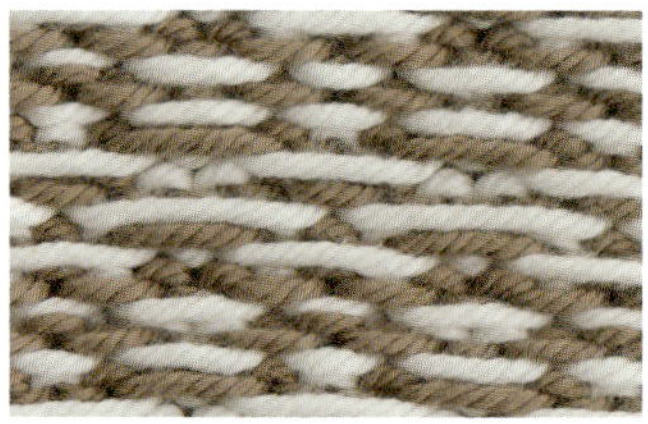

Rückseite

Werden dabei die Fäden über längere Strecken gespannt, besteht die Gefahr, dass sich Schlaufen bilden. Werden mehr als 2-3 cm mit einer Farbe gestrickt, verkürzt man den Spannfaden auf der Rückseite der Arbeit, indem man etwa in der Mitte der Strecke beide Fäden 1x umeinanderlegt.

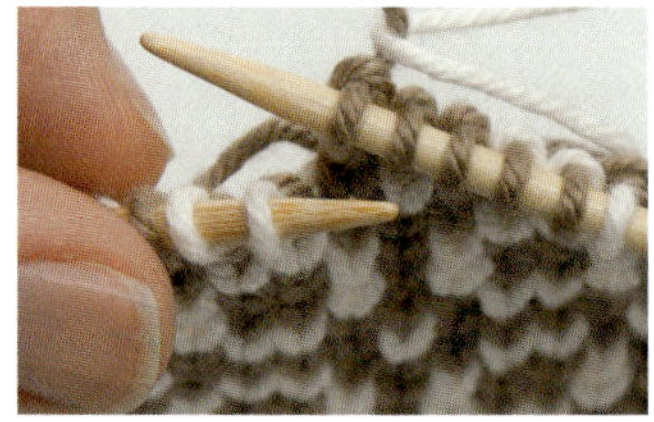

Bei locker gestrickten Jacquardmustern scheint dabei oft die Farbe der Rückseite durch. Daher sollte man die Verkreuzungspunkte möglichst nicht immer an der gleichen Stelle übereinander oder an Stellen, die beim Tragen stark gedehnt werden, arbeiten.

FADENSPANNUNG

Für ein schönes Maschenbild ist es wichtig, die Fadenspannung gleichmäßig zu halten. Zu locker geführte Fäden führen zu Schlingenbildung, und man erhält ein loses Maschenbild, bei dem die Kontrastfarbe der Rückseite durchscheint. Führt man die Fäden zwischen zwei Farbwechseln zu fest, werden die Maschen zusammengezogen. Das Gestrick fühlt sich hart und unelastisch an, und das Muster auf der Vorderseite wirkt verzerrt.
Um zu vermeiden, dass der Spannfaden zu kurz abgemessen wird, hilft es, alle bisherigen Maschen zwischen den beiden Farbwechseln, also über die gesamte Strecke, über die der Faden gespannt werden soll, so weit auseinanderzuschieben, wie sie auch im fertigen Maschenbild erscheinen sollen. Den Faden mit dem rechten Zeigefinger an die rechte Nadel drücken und so beim Stricken in der neuen Farbe das genau passende Spannfadenstück abmessen und einarbeiten.

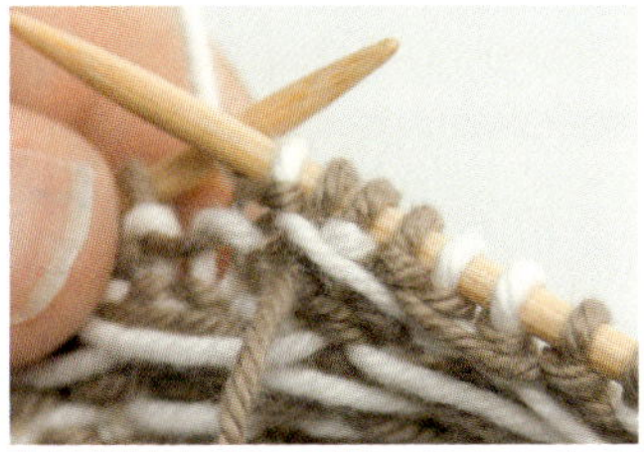

Spannfaden zu kurz

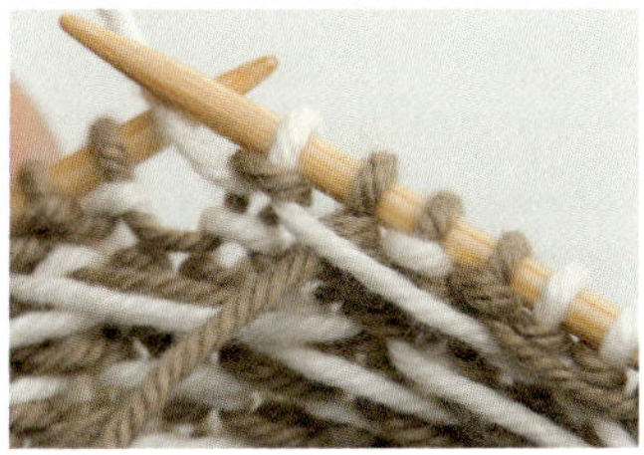

Spannfaden passend

Besonders kritisch ist beim Jacquardstricken in Runden der Wechsel von einer Spiel- oder Rundstricknadel zur nächsten. Da die Nadeln nahezu im rechten Winkel zueinanderstehen, gerät an diesen Stellen der Spannfaden häufig viel zu kurz.
Hier hilft man sich am besten, indem man die Maschen auf die spätere Weite auseinanderschiebt und den Faden dicht an der Nadel entlangführt. Dazu strickt man die 1. Masche in der neuen Farbe ab und bringt anschließend die beiden senkrecht zueinanderstehenden Nadeln in eine Linie, um das passende Fadenstück abzumessen.

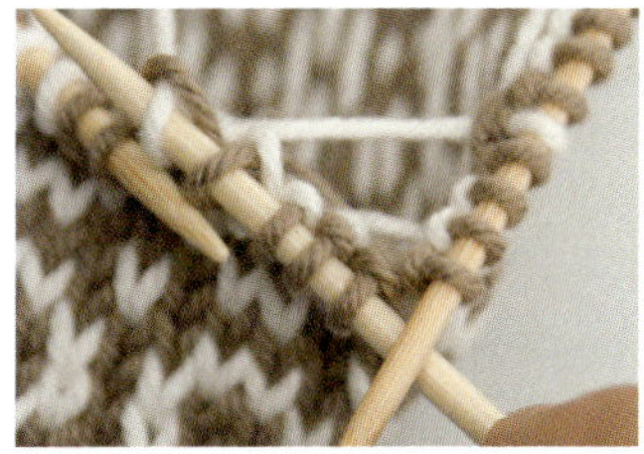

Spannfaden zu kurz

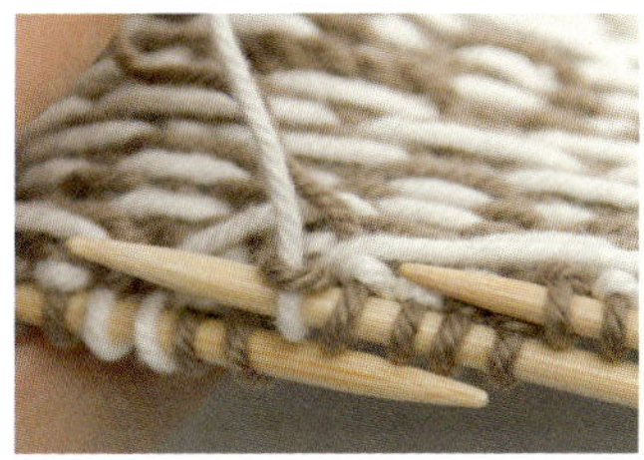

Spannfaden passend

MASCHENPROBE

Ausgehend von den geplanten Maßen, die ein gestricktes Teil annehmen soll, muss vor Beginn des Strickens die genaue Anzahl an Maschen in Breite und Höhe berechnet werden.

MASCHENPROBE ANFERTIGEN

Da eine Masche in der Regel weniger hoch als breit ist, benötigt man zunächst ein genaues Maß des Strickmusters, das Maschenprobe genannt wird. Mithilfe der Maschenprobe lässt sich die erforderliche Maschenzahl berechnen.
Die Maschenprobe hängt vor allem von der Garnstärke ab. Je dicker ein Garn ist, desto weniger Maschen benötigt man für eine bestimmte Breite.
Aber auch Strickmuster beeinflussen die Maschenprobe. Zöpfe ziehen die Maschen stark zusammen, während Ajourmuster mit vielen Löchern deutlich weniger Maschen für die gleiche Breite benötigen. Bei Jacquardmustern ziehen sich die Maschen zusammen, aber oft benötigt man weniger Maschen in der Höhe, obwohl die Maschen glatt rechtsgestrickt werden.
Auch die Nadelstärke, die persönliche Stricktechnik und die Materialzusammensetzung des Garns haben einen Einfluss auf die Maschenprobe. Vor jedem Strickprojekt sollte man sich dafür auf jeden Fall Zeit nehmen. Nur so kann man sicher sein, die in einer Anleitung angegebene Passform oder die selbst errechneten Maße zu erreichen. Ein nachträgliches Zuschneiden eines gestrickten Kleidungsstücks sollte unbedingt vermieden werden. Die Nähte, die nötig wären, um die zerschnittenen Maschen zu sichern, sind kaum noch elastisch und daher im späteren Kleidungsstück immer ein unbequemer Störfaktor.

Um eine Maschenprobe zu bestimmen, orientiert man sich am besten an den Angaben auf der Garnbanderole. Dort ist die Anzahl an Maschen angegeben, die für ein glatt rechtsgestricktes Stück von 10 cm Breite benötigt werden. 1,5x so viele Maschen anschlagen, wie für 10 cm angegeben werden. Bis zu einer Höhe von 15 cm in dem Strickmuster arbeiten, für das die Maschenprobe erstellt werden soll.
Alle Maschen locker abketten und das Probestück dämpfen oder von Hand waschen, mit Stecknadeln auf einer geeigneten Unterlage aufspannen und trocknen lassen.
Mit Stecknadeln in der Breite und in der Höhe jeweils eine Strecke von 10 cm abmessen, abstecken und auszählen. Die Anzahl an Maschen in der Breite, die Anzahl an Reihen in der Höhe und die verwendete Nadelstärke notieren. Dies stellt die persönliche Maschenprobe dieses Garns mit diesem Strickmuster und dieser Nadelstärke dar.

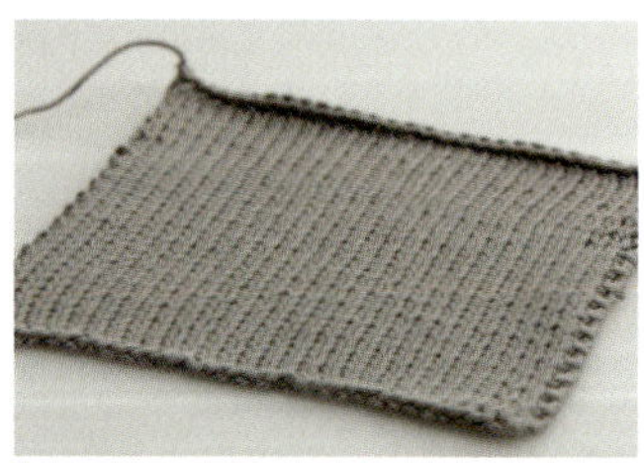

Die Maschenzahlen des eigenen Probestücks vergleicht man nun mit den Angaben in der Anleitung oder prüft, ob die Maschenspannung der Probe so ausgefallen ist, wie man sie sich für ein ganzes Strickstück wünscht.

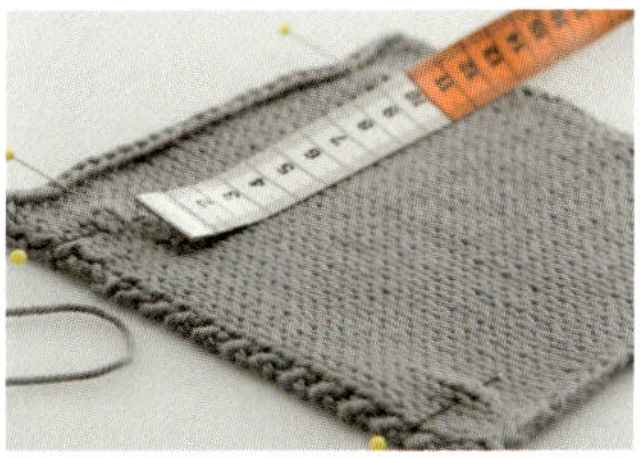

Zählt man mehr Maschen, als in der Anleitung angegeben sind, oder erscheint einem das Probestück zu fest, wählt man für ein zweites Probestück eine größere Nadelstärke.
Zählt man weniger Maschen, als in der Anleitung angegeben sind, oder erscheint das Probestück als zu locker, wählt man für ein zweites Probestück eine kleinere Nadel.
Verwendet man ein Garn mit einer anderen Garnzusammensetzung, als in einer Anleitung beschrieben, kann es vorkommen, dass zwar entweder die Maschenzahl in der Breite oder die Reihenzahl in der Höhe übereinstimmt, aber nicht beides. Dann sollte man die Nadeln wählen, mit denen man die passende Maschenbreite erreicht, und die Höhe entsprechend dem Maßschnitt durch einige Zwischenreihen anpassen.
Häufig wird auf eine zweite Maschenprobe verzichtet – aus Angst, das Garn könnte dann zum Stricken nicht mehr reichen. Man sollte sich daher angewöhnen, immer ein Knäuel mehr als benötigt zu kaufen. Dann kann man so lange nach der passenden Nadelstärke suchen, bis die Maschenprobe stimmt, ohne dabei Sorge zu haben, dass das Garn ausgehen könnte.

FEHLER BEHEBEN

Kleinere und größere Missgeschicke lassen sich auch bei viel Übung manchmal nicht vermeiden. Daher ist es gut, wenn man die häufigsten Stolpersteine kennt und weiß, wie sich Fehler vermeiden oder notfalls ausbessern lassen.

DA STIMMT WAS NICHT MIT DEN MASCHEN AUF DER NADEL

Stimmt die Maschenzahl nicht mehr oder die Maschen liegen in der falschen Orientierung, muss man die Fehlerquelle suchen.

ZU WENIGE MASCHEN AUF DER NADEL

Zählt man weniger Maschen auf der Nadel, als es eigentlich sein sollten, ist entweder 1 Masche verloren gegangen oder man hat in einem Lochmuster 1 Umschlag vergessen.

FALLMASCHE

Beim Abheben der gerade gestrickten Maschen rutscht leicht auch noch die folgende Masche mit von der linken Nadel. Zieht man ein Strickstück mit einer gefallenen Masche quer auseinander, löst sich die gesamte Maschensäule auf – im schlimmsten Fall bis zur Anschlagkante. Übrig bleibt eine breitere Säule aus übereinanderliegenden Querfäden, eine sogenannte Laufmasche oder Fallmasche.

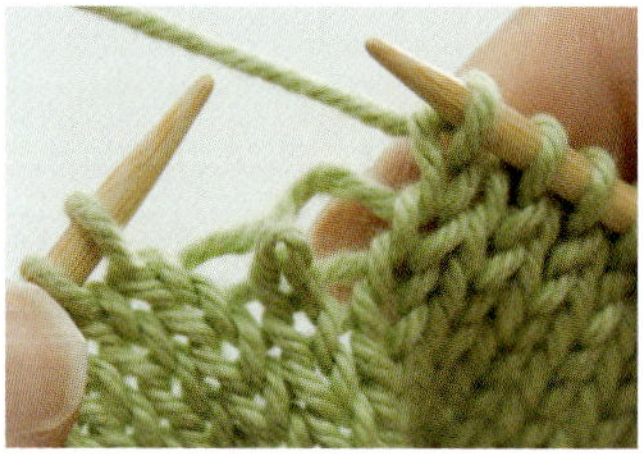

Um das zu verhindern, nimmt man die von der Nadel gerutschte Masche sofort mit der rechten Nadelspitze auf und hebt sie in richtiger Orientierung auf die linke Nadel zurück.

Da Umschläge in Rückreihen wie Maschen gestrickt werden, werden auch von der Nadel gerutschte Umschläge auf gleiche Weise wieder auf die linke Nadel gehoben.

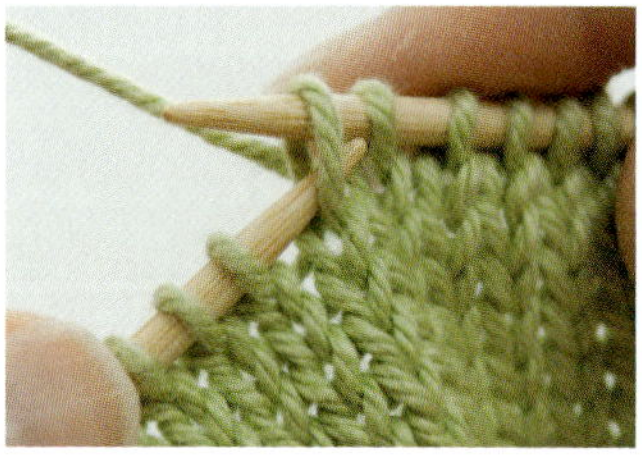

Vor dem Abstricken immer noch einmal die Orientierung der Masche oder des Umschlags überprüfen!

FALLMASCHE MIT AUFGELÖSTER MASCHE IN DER VORREIHE

Hat sich bereits die Masche unter der Fallmasche gelöst, sodass über dem Maschenkopf schon ein Querfaden liegt, schaut man sich zunächst an, wie die Masche der unteren Reihe im Maschenbild erscheinen soll.

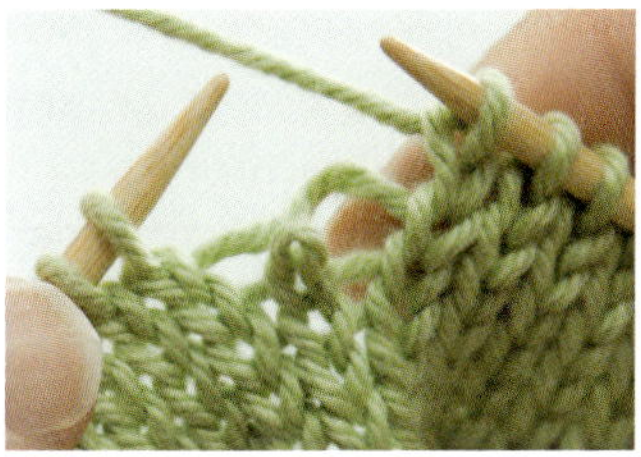

Damit diese Masche als rechte Masche erscheint, sticht man mit der rechten Nadel so in den Maschenkopf ein, dass diese Masche mit dem rechten Maschenschenkel hinter der Nadel und dem linken Maschenschenkel vor der Nadel, also in inverser Orientierung auf der Nadel liegt. Auch den freien Querfaden auf die rechte Nadelspitze heben und den Maschenkopf mit der linken Nadel über den Querfaden und die linke Nadelspitze ziehen.

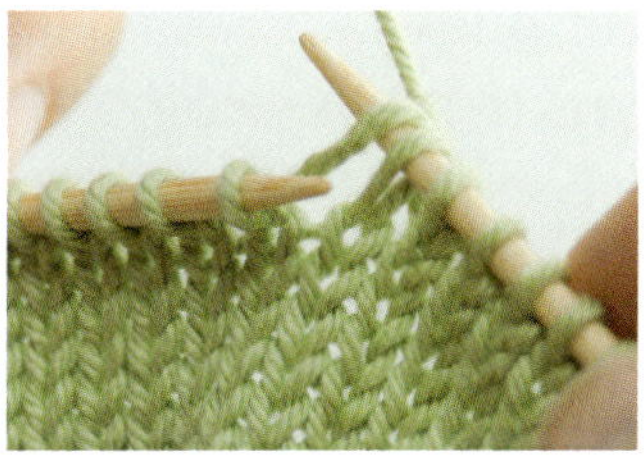

Soll diese Masche als linke Masche erscheinen, sticht man zunächst mit der linken Nadelspitze in den Maschenkopf ein. Mit der rechten Nadel sticht man von hinten nach vorn unter dem Querfaden durch. Anschließend hebt man die untere Masche so von der rechten Nadel ab, dass sie in richtiger Orientierung, also mit dem rechten Maschenschenkel vor und dem linken Maschenschenkel hinter der Nadel liegt. Mit der linken Nadel den Querfaden über die aufgenommenen Maschen auf die rechte Nadelspitze ziehen und zwischen Querfaden und Masche von links nach rechts unter dem hinteren Maschenschenkel auf der rechten Nadel einstechen. Mit der linken Nadelspitze den Maschenkopf über den Querfaden und die rechte Nadelspitze ziehen.

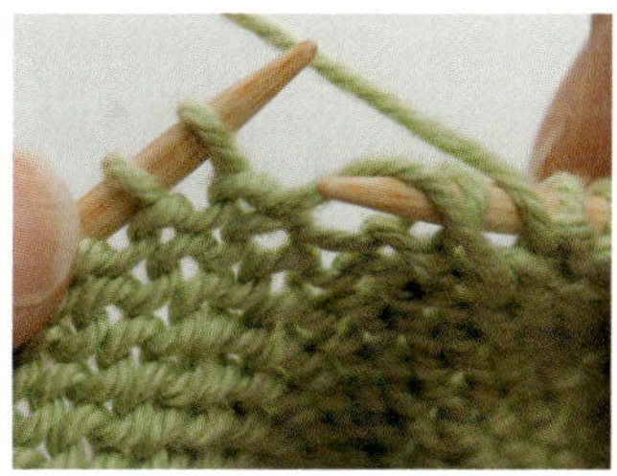

LAUFMASCHE

Hat sich bereits eine Laufmasche über mehrere Reihen gebildet, sollte man so schnell wie möglich den Maschenkopf sichern. Da man die übrigen Maschen stark verziehen müsste, um den Maschenkopf auf die rechte oder linke Nadelspitze zu legen, empfiehlt es sich, mit einer Sicherheitsnadel zu arbeiten.

Hat sich eine Laufmasche in einem glatt rechtsgestrickten Muster gebildet, müssen alle Maschen als rechte Maschen aufgebaut werden. Mit einer Häkelnadel von vorne nach hinten in den Maschenkopf einstechen, den 1. Querfaden über den Maschenkopf von der Rückseite fassen und durch die Masche ziehen. Die so gebildete neue Masche liegt bereits so auf der Häkelnadel, dass auf gleiche Weise alle darüberliegenden Querfäden der Maschensäule aufgenommen werden können. Sind alle Querfäden eingehäkelt, hängt man den letzten Maschenkopf in richtiger Orientierung auf die linke Nadel.

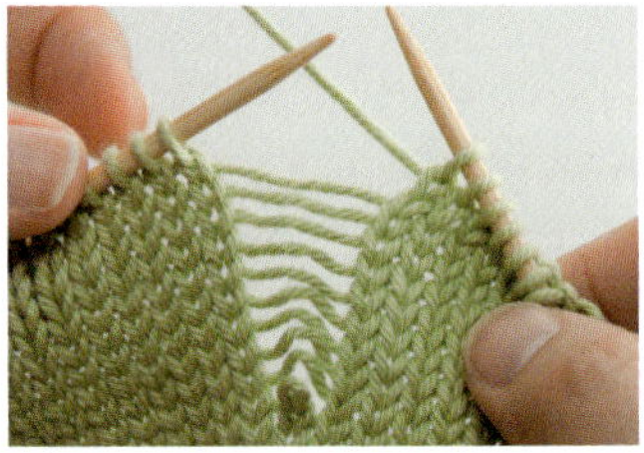

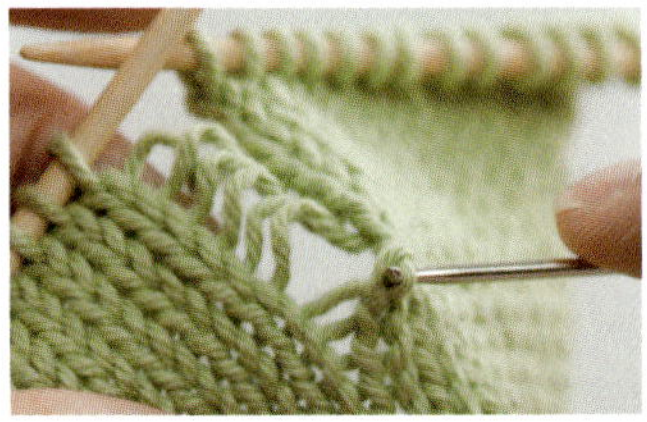

Eine Laufmasche in glatt links Gestricktem lässt sich am besten aufnehmen, indem man die Strickarbeit umdreht und die Laufmasche von der Rückseite her repariert. Dennoch sollte man auch das Aufhäkeln einer linken Masche beherrschen. Denn fällt eine Masche in einem Strickmuster, in dem rechte und linke Maschen auftreten, müsste das ganze Strickzeug für jede Masche hin und her gewendet werden.

Zum Aufhäkeln einer linken Masche nimmt man mit der Häkelnadel den nächsten Querfaden auf und sticht dann von hinten nach vorne in die letzte Masche ein. Mit der linken Nadelspitze den aufgenommenen Querfaden über die Masche und den Kopf der Häkelnadel hinweg heben, den Querfaden fassen und durchziehen.

Sollen mehrere linke Maschen übereinander gearbeitet werden, nimmt man zu Beginn so viele Querfäden auf die Häkelnadel, wie linke Maschen übereinander zu arbeiten sind. Nachdem die 1. linke Masche aufgehäkelt ist, kann man dann mit der linken Nadelspitze den nächsten Querfaden über die Masche und den Kopf der Häkelnadel hinwegheben und auf diese Weise ohne Unterbrechung alle linken Maschen aufhäkeln.

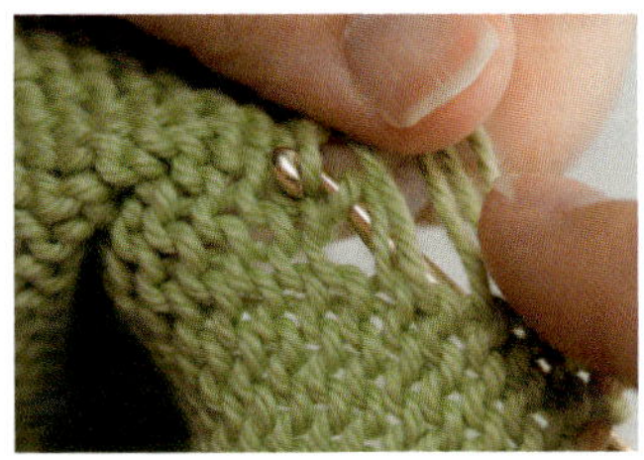

FEHLENDER UMSCHLAG IN EINER DER UNTEREN REIHEN

Beim Stricken von Lochmustern vergisst man manchmal den Umschlag. Bemerkt man das erst einige Reihen darüber, muss man nicht alle Maschen bis zur Stelle des Umschlags wieder aufziehen. Die Fäden der Umschlagreihe und der darauf folgenden Reihen gleichen die Spannung aus, wenn man nachträglich den Querfaden an der entsprechenden Stelle aufnimmt.

Dazu strickt man bis zu der Stelle, an der der Umschlag in einer der darunterliegenden Reihen hätte gearbeitet werden müssen. Mit einer Häkelnadel unter dem Querfaden zwischen den beiden Maschen rechts und links des nachträglich einzuarbeitenden Umschlags einstechen und mit den darüberliegenden Querfäden eine neue Maschensäule häkeln. Die letzte Masche auf die linke Nadel heben.

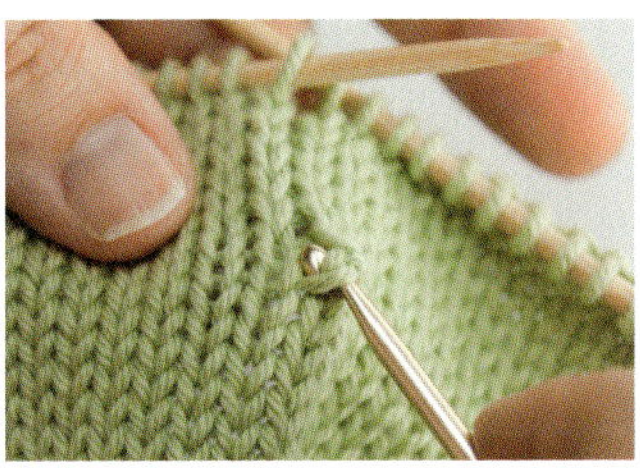

FALSCHE MASCHEN AUF DER NADEL

UNVOLLSTÄNDIGE MASCHEN

Bemerkt man beim Stricken, dass man in der Vorreihe eine unvollstandige Masche gearbeitet hat, lässt sich dies korrigieren, indem man den Maschenkopf aus der Vorreihe, der noch auf der linken Nadel liegt, über die Fadenschlinge hebt. So wird daraus die Masche, die anschliesend abgestrickt werden kann.

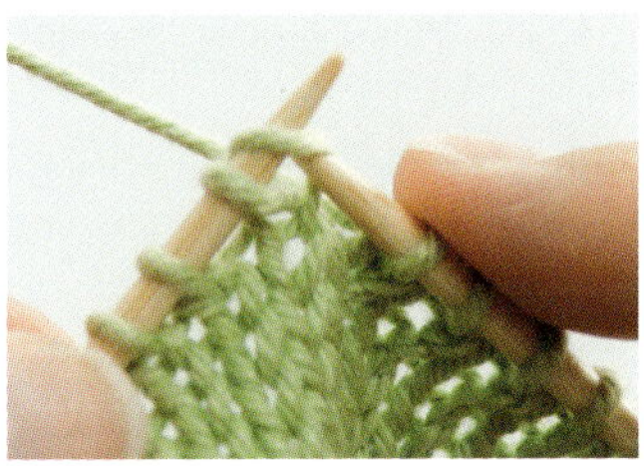

TIEFERGESTOCHENE MASCHEN

Gerade beim schnellen Stricken kann es passieren, dass man beim Abstricken einer Masche in die Masche der Vorreihe einsticht und den Maschenkopf unter der eigentlichen Masche durchzieht.

Um eine solche Masche zu korrigieren, sticht man mit der linken Nadel mittig in die falsche Masche hinein und zieht mit der rechten Nadelspitze vorsichtig den Querfaden zwischen der letzten Masche auf der rechten Nadel und der Masche auf der linken Nadel nach hinten und aus der falschen Masche heraus. Den ausgelosten Querfaden ebenfalls auf die linke Nadelspitze legen und die Masche mit der rechten Nadel über den Querfaden und über die linke Nadelspitze hinweg heben.

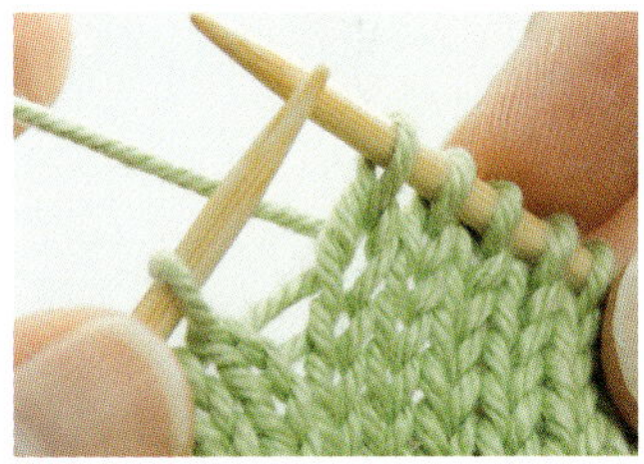

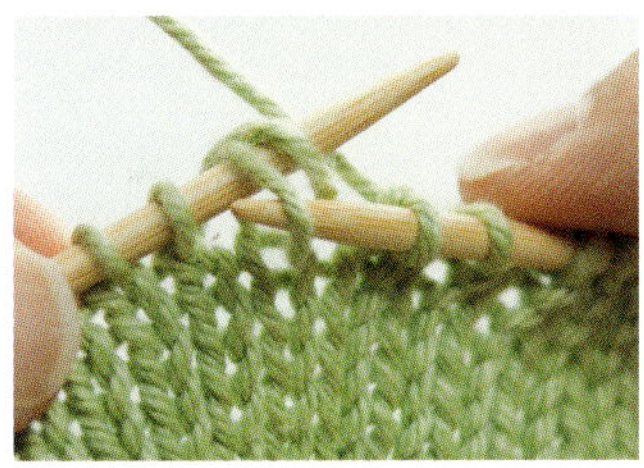

Nun kann die korrigierte Masche gleich weitergestrickt werden.

FEHLER IM STRICKMUSTER BEHEBEN

Fehler, die nicht nur einige Reihen zurückliegen, sondern sich vielleicht zudem noch über mehrere Maschen erstrecken, können auf unterschiedliche Weise behoben werden.

BIS ZUR FEHLERSTELLE AUFZIEHEN UND DIE MASCHEN NEU AUFNEHMEN

Lässt sich ein Fehler durch nichts mehr kaschieren, korrigieren oder ausbessern, zieht man die Nadel aus den Maschen heraus und zieht das Gestrickte vorsichtig bis zum Anfang der Reihe auf, in der der Fehler aufgetreten ist. Anschließend hebt man die Maschen wieder vorsichtig auf eine Nadel. Dabei auf die richtige Orientierung der Maschen achten oder vor dem Stricken der 1. Reihe die Maschen noch einmal mit einer 2. Nadel in die gewünschte Orientierung drehen.

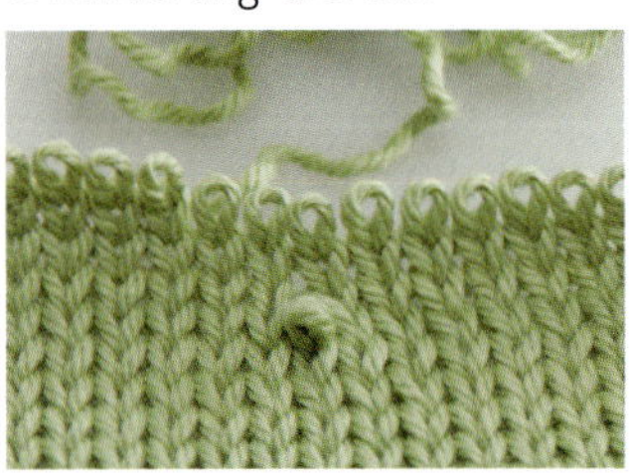

ZURÜCKSTRICKEN

Wer Sorge hat, beim Aufziehen der Maschen und beim anschließenden Aufnehmen der offenen Maschen auf die Stricknadel die eine Masche zu übersehen, kann die einzelnen Maschen bis zur Fehlerstelle zurückstricken. Da dies recht langwierig ist, empfiehlt es sich jedoch eher für Fehler, die in derselben Reihe oder in der Reihe unter den gerade gestrickten Maschen passiert sind.

Dazu mit der linken Nadel mittig in die Masche unter der letzten Masche der rechten Nadel einstechen und die rechte Nadel aus der Masche ziehen. Dabei löst sich die Masche der rechten Nadel auf, der Arbeitsfaden wird länger, und auf der linken Nadel befindet sich damit 1 Masche mehr. Auf diese Weise alle Maschen bis zur Fehlerstelle zurückstricken.

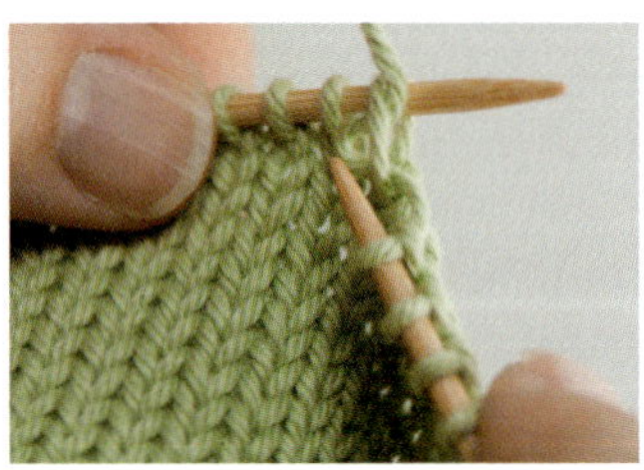

DIE REIHE UNTER DER FEHLERSTELLE AUF EINE DÜNNE NADEL HEBEN

Um sich abzusichern, kann man auch, bevor man die Stricknadeln aus den Maschen zieht, eine etwas dünnere Nadel in die Reihe vor der Reihe mit dem Fehler einschieben.

Dazu mit der dünnen Nadel jeweils den rechten Maschenschenkel jeder Masche aufnehmen und jeden linken Maschenschenkel auslassen. Dabei die Randmaschen nicht vergessen!

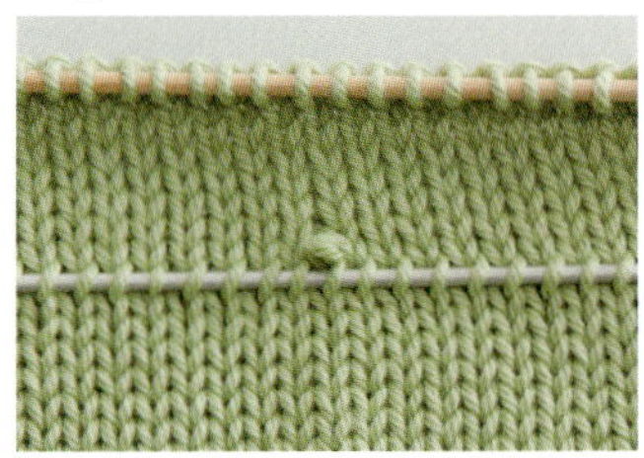

Anschließend lassen sich die Maschen genau bis zur eingeschobenen Nadel aufziehen, ohne dass eine Masche verloren gehen kann. Die letzten Maschen liegen bereits in der richtigen Orientierung vor.

EINE RETTUNGSLEINE IN DIE REIHE UNTER DER FEHLERSTELLE EINZIEHEN

Auf dem gleichen Prinzip beruht das Sichern der Maschen mit einer eingezogenen Rettungsleine. Hat man keine dünnere oder ausreichend lange Stricknadel zur Hand, lässt sich auch ein Faden in einer Kontrastfarbe mit einer stumpfen Wollnadel in die Maschen der letzten Reihe vor der Reihe mit dem Fehler einziehen.

Dazu mit der Wollnadel wieder jeden rechten Maschenschenkel von Maschen und Randmaschen auffassen, jeden linken Maschenschenkel überspringen und den Faden durchziehen.

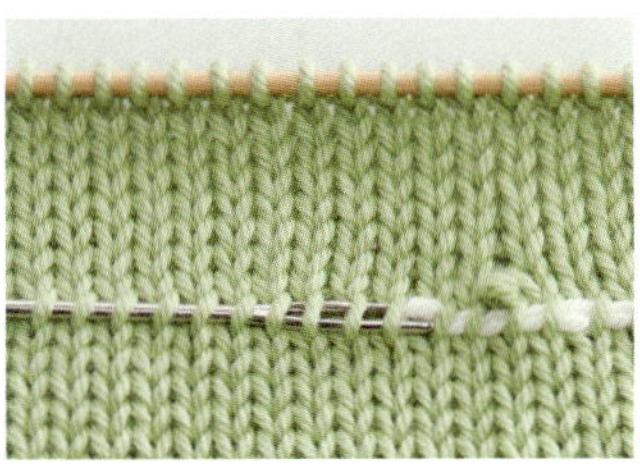

Beim Aufziehen der Maschen sichert die Rettungsleine die Maschen, sodass man sie auf eine Stricknadel heben kann.

FEHLERQUELLEN VERMEIDEN

VORBEUGEND EINE RETTUNGSLEINE EINSTRICKEN

Arbeitet man an sehr komplexen Mustern mit einem Garn, das sich schwer aufziehen lässt oder bei dem es schwierig wird, die Maschen nach dem Aufziehen wieder auf die Nadel zu heben, kann es sinnvoll sein, ab und zu eine „Rettungsleine“ mit einzustricken. Das gilt beispielsweise für große Lace-Tücher.

Dazu befestigt man einen kontrastfarbenen Faden mit Klebefilm am Übergang von festem Nadelteil zu Nadelseil. Bei dünnen Garnen empfiehlt es sich, ein Nadel-Seil-System zu verwenden und das Hilfsgarn durch das kleine „Schlüsselloch“ zum Anschrauben der Nadelspitzen zu fädeln.

Am Ende der nächsten Maschenreihe angelangt, ist der Hilfsfaden einmal durch alle Maschen der abgestrickten Reihe gezogen. Wenn ein größeres Stück aufgetrennt werden muss, zieht man alle Maschen bis zur Rettungsleine auf. Die Maschen können so wieder auf die Nadel gehoben werden.

EIN KNÄUEL EINER ANDEREN FARBPARTIE ANSETZEN

Reicht der Garnvorrat für das geplante Strickprojekt nicht aus, lässt sich nicht immer dieselbe Farbpartie nachkaufen. Auch wenn die Garne nebeneinander gelegt noch identisch aussehen – als verstrickte Farbflächen übereinander fällt der Unterschied in der Regel deutlich und unangenehm auf. Lässt es sich gar nicht vermeiden, eine andere Farbpartie an ein bereits gestricktes Stück anzusetzen, sollte man über mindestens 10 Reihen immer abwechselnd 1 Reihe mit dem Garn der einen und 1 Reihe mit dem der anderen Partie stricken. Dazu arbeitet man mit einer Rundstricknadel jeweils 2 Hinreihen und 2 Rückreihen nacheinander.

NORMGRÖSSEN-TABELLEN

Größensysteme sind uns aus dem täglichen Leben vertraut. Vielen erscheinen sie willkürlich gewählt, sie unterliegen allerdings logischen Zusammenhängen. Die wichtigsten Größentabellen in der Bekleidungsindustrie sind bei Damen und Herren, die „Normalen Größen“, in denen man sich zumeist gut auskennt. Sie sind Grundlagen für die abweichende Größentabellen.

DAMENGRÖSSEN

Körpergröße 165-172 cm

Konfektions-größe	34	36	38	40	42	44	46	48	50	52
Brustumfang	78-81	82-85	86-89	90-93	94-97	98-102	103-107	108-113	114-119	120-125
Taillen-umfang	63-65	66-69	70-73	74-77	78-81	82-85	86-90	91-95	96-102	103-108
Hüftumfang	88-91	92-95	96-98	99-101	102-104	105-108	109-112	113-116	117-121	122-126
Rückenbreite	33,7	34,6	35,5	36,5	37,5	38,5	39,5	40,9	42,2	43,6
Rückenlänge	41	41	42	42	43	43	44	44	45	45
Schulter-breite	12	12	13	13	13	13	13	14	14	14
Armlänge	59	60	60	60	60	61	61	61	62	62

HERRENGRÖSSEN

Die Konfektionsgröße hängt von der Körpergröße ab.

Konfektionsgröße	44	46	48	50	52	54	56	58	60
Körpergröße	166-170	168-173	171-176	174-179	177-182	180-184	182-186	184-188	185-189
Brustumfang	86-89	90-93	94-97	98-101	102-105	106-109	110-113	114-117	118-121
Bundumfang	75-78	79-82	83-86	87-90	91-94	95-99	100-104	105-110	111-116
Rückenlänge	46,5	47	47,5	48	48,5	49	49,5	50	50,5
Armlänge	61	62	63	64	65	66	67	68	69

MÄDCHENGRÖSSEN

Körpergröße	128	134	140	146	152	158	164	170	176
Brustumfang	64	66	68	72	76	80	84	88	92
Taillenumfang	58	59,5	61	63	65	67	69	71	73
Hüftumfang	69,5	71,5	74	78	82	86	90	94	98
Rückenlänge	30,1	31,3	32,5	34,3	36,1	37,9	39,7	41,5	43,2
Armlänge	46	48	51	53	55	57	59	61	63

JUNGENGRÖSSEN

Körpergröße	128	134	140	146	152	158	164	170	176
Brustumfang	66	69	72	75	78	81	84	87	90
Taillenumfang	59,8	62,2	64,6	67	69,4	71,8	74,2	76,6	79
Hüftumfang	70	73	76	79	82	85	88	91	94
Rückenlänge	30	31,5	33,5	35,5	37,5	39,5	41,5	43,5	45,5
Armlänge	46	48	51	53	55	57	59	61	63

KLEINKINDGRÖSSEN

Körpergröße	92	98	104	110	116	122
Brustumfang	56	57	58	59	60	62
Taillen-umfang	52,6	53,2	53,8	54,4	55,6	56,8
Hüftumfang	57,6	59,2	60,8	62,4	64,5	66,6
Rückenlänge	22,5	23,7	25	26,3	27,6	28,9
Armlänge	31	33	36	38	41	43

BABYGRÖSSEN

Körpergröße	56	62	68	74	80	86
Brustumfang	44,5	47	49	51	53	55
Taillen-umfang	42	44	46	48	50	52
Hüftumfang	46	48	50	52	54	56
Rückenlänge	15,4	16,5	17,7	18,9	20,1	21,3
Armlänge	16	18,5	21	23,5	26	28

ABWEICHENDE GRÖSSENTABELLEN

Von den Normgrößen ausgehend gibt es noch weitere Größensysteme:

DAMENKURZGRÖSSEN

Körpergröße unter 165 cm = Damen-Normgröße : 2

Konfektions-größe	17	18	19	20	21	22	23	24	25	26
Brustumfang	78-81	82-85	86-89	90-93	94-97	98-102	103-107	108-113	114-119	120-125
Taillen-umfang	63-65	66-69	70-73	74-77	78-81	82-85	86-90	91-95	96-102	103-108
Hüftumfang	88-91	92-95	96-98	99-101	102-104	105-108	109-112	113-116	117-121	122-126
Rückenbreite	33,7	34,6	35,5	36,5	37,5	38,5	39,5	40,9	42,2	43,6
Rückenlänge	41	41	42	42	43	43	44	44	45	45
Schulter-breite	12	12	13	13	13	13	13	14	14	14
Armlänge	59	60	60	60	60	61	61	61	62	62

DAMENLANGGRÖSSEN

Körpergröße über 172 cm = Damen-Normgröße x 2

Konfektions-größe	68	72	76	80	84	88	92	96	100
Brustumfang	78-81	82-85	86-89	90-93	94-97	98-102	103-107	108-113	114-119
Taillen-umfang	63-65	66-69	70-73	74-77	78-81	82-85	86-90	91-95	96-102
Hüftumfang	88-91	92-95	96-98	99-101	102-104	105-108	109-112	113-116	117-121
Rückenbreite	33,7	34,6	35,5	36,5	37,5	38,5	39,5	40,9	42,2
Rückenlänge	43	43	44	44	45	45	46	46	47
Schulter-breite	12	12	12	13	13	13	13	14	14
Armlänge	61	61	62	62	63	63	63	63	64

HERRENKURZGRÖSSEN

Für fülligere Herren (Körpergröße jeweils 6 cm kleiner):
Untersetzte Größen = Herren-Normgrößen : 2, z. B. 24, 25.

Konfektionsgröße	23	24	25	26	27	28	29	30
Brustumfang	93-96	97-100	101-104	105-108	109-112	113-116	117-120	121-124
Bundumfang	85-88	89-92	93-96	97-100	101-106	107-110	111-114	115-118
Gesäßumfang	101-104	105-108	109-112	113-116	117-120	121-124	125-128	129-132

HERRENLANGGRÖSSEN

Für große Herren (Körpergröße jeweils 6 cm größer):
Schlanke Größen = Herren-Normgrößen x 2 + 2, z. B. 94, 98, 102.

Konfektionsgröße	90	94	98	102	106	110	115	118	122
Brustumfang	88-91	92-95	96-99	100-103	104-107	108-111	112-114	115-118	119-122
Bundumfang	74-77	78-81	82-85	86-89	90-93	94-98	99-103	104-107	108-111
Gesäßumfang	92-95	96-99	100-103	104-107	108-111	112-115	116-119	120-123	124-127

UNISEX-GRÖSSEN

Vor allem in der Sportbekleidung gibt es Unisex-Größen. Dies sind XS, S, M, L, XL, XXL und XXXL.

WEITERE GRÖSSENSYSTEME

Größenaufstellungen sind immer logisch aufgebaute Systeme. Beim Entschlüsseln der folgenden Beispiele ist die Logik deutlich erkennbar.

Hutgrößen: Kopfumfang in cm, z. B. 58

Strumpfgrößen: analog zu den Schuhgrößen, z. B. 38

Handschuhgrößen: Handumfang in Zoll, z. B. 7

REGISTER

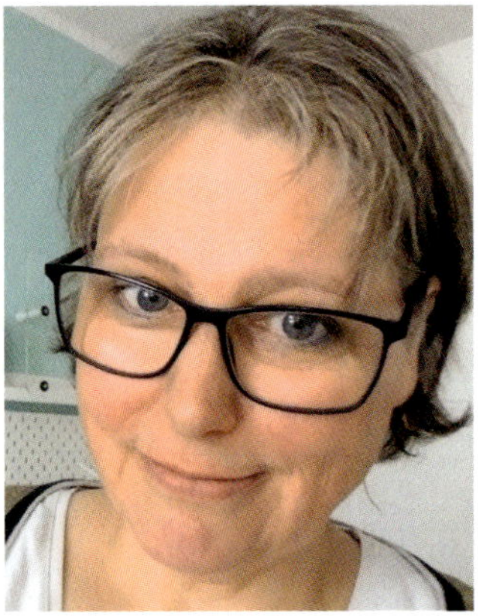

STEPHANIE VAN DER LINDEN

entwirft, schreibt, lektoriert und übersetzt für deutsche und internationale Garnhersteller, Magazine und Verlage. Sie strickt, spinnt, näht, stickt und knüpft seit ihrer Kindheit alles, was ihr in die Hände fällt, und ist fasziniert von den logischen Strukturen hinter Knoten, Geweben und Maschen.

DANK

Für die Bereitstellung der Projekttasche auf dem Cover und dem Vorwort bedanken wir uns bei muud living. muudstore.com

Wir danken den Firmen MEZ GmbH (www.mezcrafts.com), Prym Consumer GmbH (www.prym.com) und Gustaf Selter GmbH & Co. KG (www.addi.de) für die freundliche Unterstützung bei diesem Buch.

IMPRESSUM

FOTOS: frechverlag GmbH, 70839 Gerlingen; lichtpunkt, Michael Ruder, Stuttgart

PRODUKTMANAGEMENT UND LEKTORAT: Mareike Upheber

COVER-GESTALTUNG: Eva Hook

LAYOUT: Petra Theilfarth

DRUCK UND BINDUNG: DZS Grafik, Slowenien

4. Auflage 2026

ISBN 978-3-7724-7111-4 · Bestell.-Nr. 27111

FSC www.fsc.org MIX Papier | Fördert gute Waldnutzung FSC® C106600

Penguin Random House Verlagsgruppe FSC® N001967